U0117459

陳福成著

陳福成著作全編

第三十八冊　山西芮城劉焦智「鳳梅人」報研究

文史哲出版社印行

國家圖書館出版品預行編目資料

陳福成著作全編 / 陳福成著. -- 初版. --臺北
市：文史哲,民 104.08
頁： 公分
ISBN 978-986-314-266-9（全套：平裝）

848.6 104013035

陳福成著作全編

第三十八冊 山西芮城劉焦智「鳳梅人」報研究

著　　者：陳　福　成
出 版 者：文 史 哲 出 版 社
http://www.lapen.com.tw
登記證字號：行政院新聞局版臺業字五三三七號
發 行 人：彭　正　雄
發 行 所：文 史 哲 出 版 社
印 刷 者：文 史 哲 出 版 社
臺北市羅斯福路一段七十二巷四號
郵政劃撥帳號：一六一八〇一七五
電話886-2-23511028 · 傳真886-2-23965656

全 80 冊定價新臺幣 36,800 元

二〇一五年（民一〇四）八月初版

ISBN 978-986-314-266-9 08981

陳福成著作全編總目

總序：陳福成的一部文史哲政兵千秋事業

陳福成先生，祖籍四川成都，一九五二年出生在台灣省台中縣。筆名古晟、藍天、司馬千、鄉下人等，皈依法名：本肇居士。一生除軍職外，以絕大多數時間投入寫作，範圍包括詩歌、小說、政治（兩岸關係、國際關係）、歷史、文化、宗教、哲學、兵學（國防、軍事、戰爭、兵法），及教育部審定之大學、專科（三專、五專）、高中（職）等各級學校國防通識（軍訓課本）十二冊。以上總計近百部著作，目前尚未出版者尚約二十部。

我的戶籍資料上寫著祖籍四川成都，小時候也在軍眷長大，初中畢業（民57年6月），投考陸軍官校預備班十三期，三年後（民60）直升陸軍官校正期班四十四期，民國六十四年八月畢業，隨即分發野戰部隊服役，到民國八十三年四月轉台灣大學軍訓教官。到民國八十八年二月，我以台大夜間部（兼文學院）主任教官退休（伍），進入全職寫作高峰期。

我年青時代也曾好奇問老爸：「我們家到底有沒有家譜？」

他說：「當然有。」他肯定說，停一下又說：「三十八年逃命都來不及了，現在有個鬼啦！」

兩岸開放前他老人家就走了，開放後經很多連繫和尋找，真的連鬼都沒有了，茫茫無垠的「四川北門」，早已人事全非了。

但我的母系家譜卻很清楚，母親陳蕊是台中縣龍井鄉人。她的先祖其實來台不算太久，按家譜記載，到我陳福成才不過第五代，大陸原籍福建省泉州府同安縣六都施盤鄉馬巷。

第一代祖陳添丁、妣黃媽名申氏。從原籍移居台灣島台中州大甲郡龍井庄龍目井字水裡社三十六番地，移台時間不詳。陳添丁生於清道光二十年（庚子，一八四〇年）六月十二日，卒於民國四年（一九一五年），葬於水裡社共同墓地，坐北向南，他有二個兒子，長子昌，次子標。

第二代祖陳昌（我外曾祖父），生於清同治五年（丙寅，一八六六年）九月十四日，卒於民國廿六年（昭和十二年）四月二十二日，葬在水裡社共同墓地，坐東南向西北。陳昌娶蔡匏，育有四子，長子平、次子豬、三子波、四子萬芳。

第三代祖陳平（我外祖父），生於清光緒十七年（辛卯，一八九一年）九月二十五日，卒於（年略記）二月十三日。陳平娶彭宜（我外祖母），生光緒二十二年（丙申，一八九六年）六月十二日，卒於民國五十六年十二月十六日。他們育有一子五女，長子陳火，長女陳變、次女陳燕、三女陳蕊、四女陳品、五女陳鶯。

以上到我母親陳蕊是第四代，到筆者陳福成是第五代，與我同是第五代的表兄弟姊妹共三十二人，目前大約半數仍在就職中，半數已退休。

寫作是我一輩子的興趣，一個職業軍人怎會變成以寫作為一生志業，在我的幾本著作都詳述（如《迷航記》、《台大教官興衰錄》、《五十不惑》等」。我從軍校大學時代開始寫，從台大主任教官退休後，全力排除無謂應酬，更全力全心的寫（不含為教育部編著的大學、高中職《國防通識》十餘冊）。我把《陳福成著作全編》略為分類暨編目如下：

壹、兩岸關係

①《決戰閏八月》②《防衛大台灣》③《解開兩岸十大弔詭》④《大陸政策與兩岸關係》。

貳、國家安全

⑤《國家安全與情治機關的弔詭》⑥《國家安全與戰略關係》⑦《國家安全論壇》。

參、中國學四部曲

⑧《中國歷代戰爭新詮》⑨《中國近代黨派發展研究新詮》⑩《中國政治思想新詮》⑪《中國四大兵法家新詮：孫子、吳起、孫臏、孔明》。

肆、歷史、人類、文化、宗教、會黨

⑫《神劍與屠刀》⑬《中國神譜》⑭《天帝教的中華文化意涵》⑮《奴婢妾匪到革命家之路：復興廣播電台謝雪紅訪講錄》⑯《洪門、青幫與哥老會研究》。

伍、詩〈現代詩、傳統詩〉、文學

⑰《幻夢花開一江山》⑱《赤縣行腳・神州心旅》⑲《「外公」與「外婆」的詩》、⑳《尋找一座山》㉑《春秋記實》㉒《性情世界》㉓《春秋詩選》㉔《八方風雲性情世界》㉕《古晟的誕生》㉖《把腳印典藏在雲端》㉗《從魯迅文學醫人魂救國魂說起》㉘《60後詩雜記詩集》。

陸、現代詩（詩人、詩社）研究

㉙《三月詩會研究》㉚《我們的春秋大業：三月詩會二十年別集》㉛《中國當代平民詩人王學忠》㉜《讀詩稗記》㉝《嚴謹與浪漫之間》㉞《一信詩學研究：解剖一隻九頭詩鵠》㉟《囚徒》㊱《胡爾泰現代詩臆說》㊲王學忠籲天詩錄。

柒、春秋典型人物研究、遊記

㊳《山西芮城劉焦智「鳳梅人」報研究》㊴《在「鳳梅人」小橋上》㊵《我所知道的孫大公》㊶《孫大公思想主張手稿》㊷《金秋六人行》㊸《漸凍勇士陳宏》。

捌、小說、翻譯小說

㊹《迷情・奇謀・輪迴》㊺《愛倫坡恐怖推理小說》。

玖、散文、論文、雜記、詩遊記、人生小品

㊻《一個軍校生的台大閒情》㊼《古道・秋風・瘦筆》㊽《頓悟學習》㊾《春秋正義》㊿《公主與王子的夢幻》51《洄游的鮭魚》52《男人和女人的情話真話》53《台灣邊陲之美》54《最自在的彩霞》55《梁又平事件後》。

拾、回憶錄體

56《五十不惑》57《我的革命檔案》58《台大教官興衰錄》59《迷航記》60《最後一代書寫的身影》61《我這輩子幹了什麼好事》62《那些年我們是這樣寫情書的》63《那些年我們是這樣談戀愛的》64《台灣大學退休人員聯誼會第九屆理事長記實》。

拾壹、兵學、戰爭

65《孫子實戰經驗研究》66《第四波戰爭開山鼻祖賓拉登》。

拾貳、政治研究

⑰《政治學方法論概說》⑱《西洋政治思想概述》⑲《中國全民民主統一會北京行》⑳《尋找理想國：中國式民主政治研究要綱》。

拾參、中國命運、喚醒國魂

⑴《大浩劫後：日本311天譴說》、《日本問題的終極處理》⑵《台大逸仙學會》。

拾肆、地方誌、地區研究

⑶《台北公館台大地區考古・導覽》⑷《台中開發史》⑸《台北的前世今生》⑹《台北公館地區開發史》。

拾伍、其他

⑺《英文單字研究》⑻《與君賞玩天地寬》（別人評論）⑼《非常傳銷學》⑽《新領導與管理實務》。

我這樣的分類並非很確定，如《謝雪紅訪講錄》，是人物誌，但也是政治，更是歷史，說的更白，是兩岸永恆不變又難分難解的「本質性」問題。

以上這些作品大約可以概括在「中國學」範圍，如我在每本書扉頁所述，以「生長在台灣的中國人為榮」，以創作、鑽研「中國學」，貢獻所能和所學為自我實現的途徑，以宣揚中國春秋大義、中華文化和促進中國和平統一為今生志業，直到生命結束。我這樣的人生，似乎滿懷「文天祥、岳飛式的血性」。

抗戰時期，胡宗南將軍曾主持陸軍官校第七分校（在王曲），校中有兩幅對聯，一是「升官發財請走別路、貪生怕死莫入此門」，二是「鐵肩擔主義、血手寫文章」。前聯原在廣州黃埔，後聯乃胡將軍胸懷，「鐵肩擔主義」我沒機會，但「血手寫文章」的

「血性」俱在我各類著作詩文中。

人生無常，我到六十三歲之年，以對自己人生進行「總清算」的心態出版這套書。

回首前塵，我的人生大致分成兩個「生死」階段，第一個階段是「理想走向毀滅」，年齡從十五歲進軍校到四十三歲，離開野戰部隊前往台灣大學任職中校教官。第二個階段是「毀滅到救贖」，四十三歲以後的寫作人生。

「理想到毀滅」，我的人生全面瓦解、變質，險些遭到軍法審判，就算軍法不判我，我也幾乎要「自我毀滅」；而「毀滅到救贖」是到台大才得到的「新生命」，我積極寫作是從台大開始的，我常說「台大是我啟蒙的道場」有原因的。均可見《五十不惑》、《迷航記》等書。

我從年青立志要當一個「偉大的軍人」，為國家復興、統一做出貢獻，為中華民族的繁榮綿延盡個人最大之力，卻才起步就「死」在起跑點上，這是個人的悲劇和不智，正好也給讀者一個警示。人生絕不能在起跑點就走入「死巷」，切記！切記！讀者以我為鑒！在軍人以外的文學、史政有這套書的出版，也算是對國家民族社會有點貢獻，對自己的人生有了交待，這致少也算「起死回生」了！

順要一說的，我全部的著作都放棄個人著作權，成為兩岸中國人的共同文化財，而台北的文史哲出版有優先使用權和發行權。

這套書能順利出版，最大的功臣是我老友，文史哲出版社負責人彭正雄先生和他的夥伴們。彭先生對中華文化的傳播，對兩岸文化交流都有崇高的使命感，向他和夥伴致上最高謝意。

台北公館蟾蜍山萬盛草堂主人　陳福成　誌於二〇一四年五月榮獲第五十五屆中國文藝獎章文學創作獎前夕

研究山西芮城劉焦智《鳳梅人》報文學藝術交流的動機（代序）

也許本書不是一本嚴謹的學術研究，比較像一本讀書心得，甚至放了一些劉焦智及其他作品，是一種佐證。幸好，我不是爲升等之用，而是爲春秋大義之彰顯，爲中華文化之復興，爲吾國崛起統一之前夕，與兩岸文化人共成我們心中的春秋大業。

是的，不是偉人、聖人、大人，才能搞春秋大業。我們小老百姓、小角色，也有我們想幹的春秋大業。

我這幾年讀山西芮城劉焦智自力辦的《鳳梅人》報，發現他正是一位「春秋典型人物」。他是商人、愛國商人，更是「儒商」；他也是報人、作家、詩人，更是一位俠者。

於是，我有了動機，有了興趣，有空時一篇篇寫下來而成書。希望與有志於春秋大業的朋友共勉、共成大業。真的，「廿一世紀是中國人的世紀」。本書同時用於二〇一〇年十月間，湖北中南財經政法大學新聞與文化傳播學院，舉行「第十六屆世界華文文學國際學論研討會」，於會中提報（僅提導論）。

順帶一提，本書初稿完成時，當幾位藝文界朋友先看，友人提示指出：「當代中國人中，思想上合乎春秋大義者，多的是，爲何選劉焦智爲典型代表？」確實是。我的前提是「大人物」級除外，如元首、部長、大企業家、文壇大師等各行的「天王、次天王級，均非我寫的對象，那些人自有人爲他們立傳。我針對「小人物」，思想上合於春秋大義者固然是好，若能奉獻「財力、能力」等，是上選對象。說白吧！要把白花花的銀子奉獻出來，做春秋大義的事業，劉焦智先生是我的第一人選，他夠格成爲「典範」。

在吾國崛起、統一之前夕，吾等文化人用文化凝聚與文學交流兩岸同胞的心，以加速統一，使統一水到渠成。而你，缺席了嗎？（一個生長於台灣的中國人陳福成，於二〇一〇年春節前草於台北蟾蜍山萬盛草堂。）

山西芮城劉焦智《鳳梅人》報研究

——論文化文學藝術交流

目 錄

7 照 片

劉焦智在展覽館

劉焦智的父親劉開珍（1912-1991）

右起：芮城籍台灣朋友周光前、石臨生、《鳳梅人》劉焦智

劉焦智在兄弟出生成長的窰洞前，
左起：范世平、劉焦智、天使熊貓、
劉有光

2006 年 9 月秦岳老師光臨《鳳梅人》，看望劉焦智的 85 歲老母

2002 年臘月 22 日，劉焦智的二女出嫁，與二弟給客人敬酒。
左：劉智強，右：劉焦智

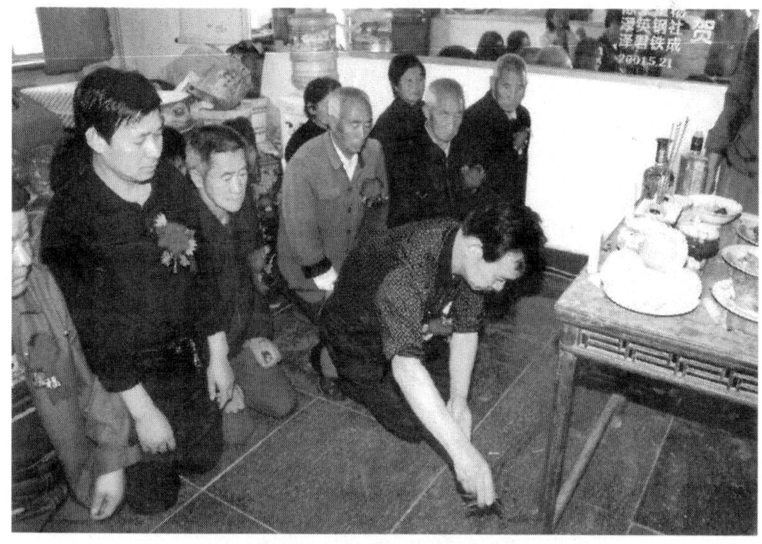

母親 85 壽誕，弟兄八人給先祖敬香、敬酒

左起：陝西畫家醫生劉健、台灣詩人文曉村、藥王孫思邈七十二代傳人孫仲才、《鳳梅人》劉焦智

2007 年 8 月，台灣詩人文曉村光臨《鳳梅人》中華道德展覽館參觀

左上：30 年前的芮城縣長王光華遺像；右上：劉父劉開珍遺像。這是《鳳梅人》微型辦公室佛堂的一角

奇人王梅生母親親手制作、贈送給《鳳梅人》的新年禮物。
轉贈給台北陳福成老師伉儷，祝你們新年快樂，事事如意。

劉焦智的「天使熊貓」，
對《鳳梅人》於有功焉

2008 年清明節，給台中秦岳老師母親
掃墓，在河南修武縣路邊留影

左起：《鳳梅人》薛小琴、芮城籍台灣朋友周光前的孫子

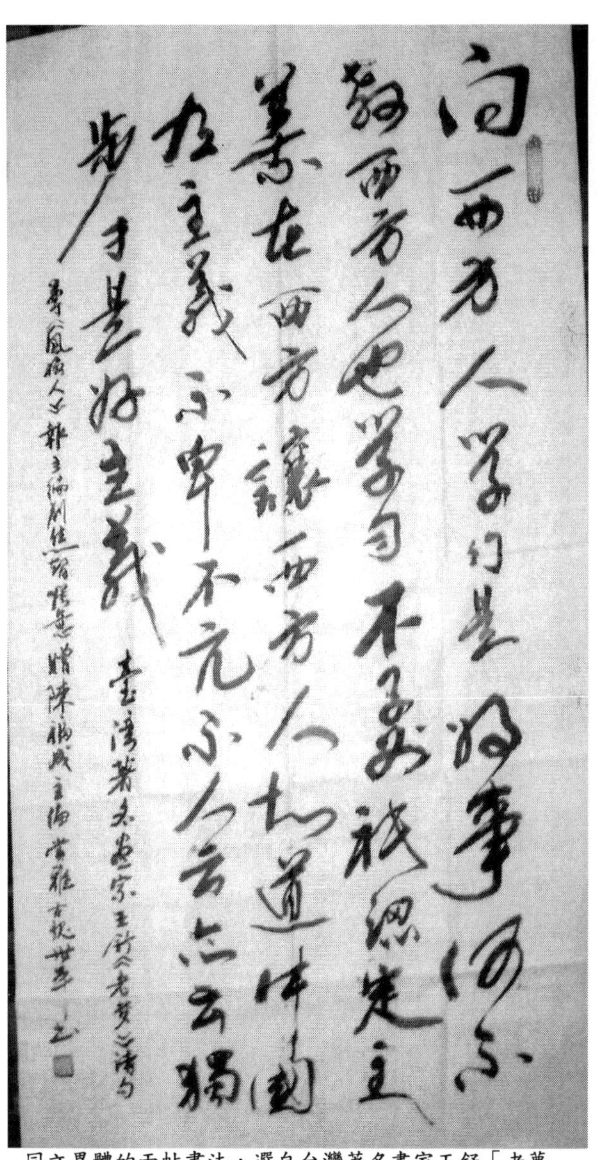

同文異體的兩帖書法，選自台灣著名畫家王舒「老夢」詩句，遵「鳳梅人」報主編劉焦智先生囑意贈陳福成主編賞雅古親世平書。

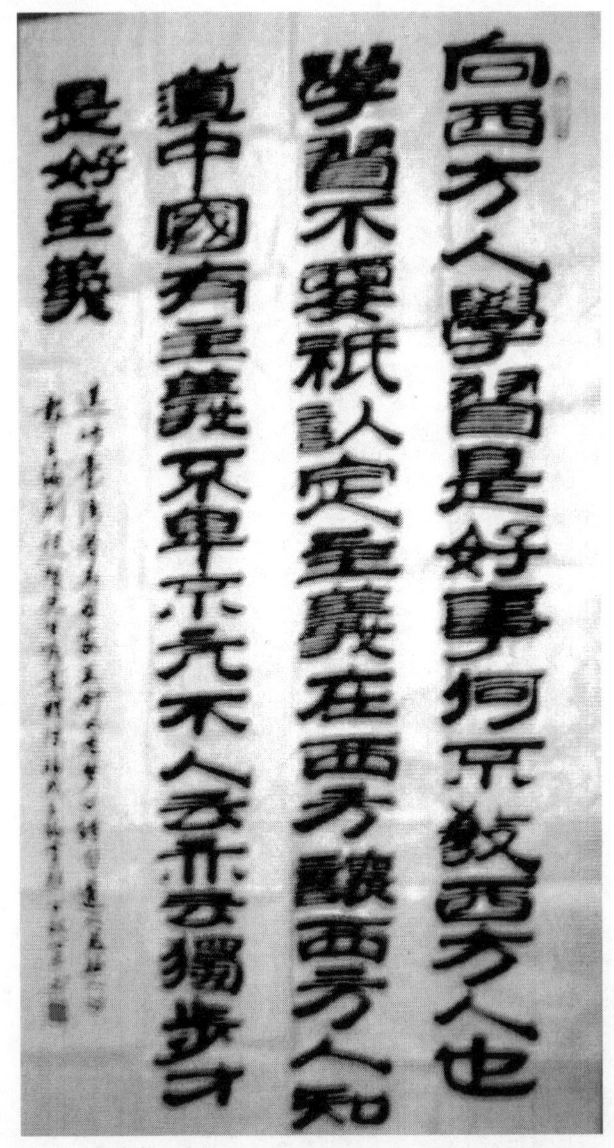
向西方人學習是好事何不教西方人也
學習不要祇認定主義在西方讓西方人知
道中國有主義不卑不亢不人云亦云獨步才
是好主義

同上

導　論

山西省芮城素人報人劉焦智《鳳梅人》報文學藝術交流研究

山西劉焦智先生寫一封信來〈如下〉，講到《鳳梅人》報紙「推」不出去（不是賣），送不出去。這是現代社會一切「商品」（含非賣品）的共同問題，以前只要能生產出「產品」，通常賣的出去。

但現代社會幾乎人人可以生產出很多「產品」，大量的各種產品，滿山滿谷，滿城滿街，就是「出不去」，有的連送人也送不出去。關鍵

山西芮城凤梅集团　公用笺

0359-3026338　8868636（兼传真）　3287234　①

陈总编：

您好！

有一事相商：目前，咱的《凤梅人》报已出了37期，而繁体字有新近的18期。这18期，每期印2000张，邮出去的不到500份，库存余1500份以上，共计27000张。如果能有什么好办法把这两万来份报（可能约有500公斤）弄到台湾去，在台北、台中、高雄等地分别发放出去，（而有赞助者的话，也可以接受一些）可能会产生一些影响的。

在通路和行銷方式，而這兩者往往已被大財團控制。所以，我了解劉焦智的困難在那裡？

如他信中說，《鳳梅人》報每期印二千張，能用郵寄出去（只送）不到五百份，剩下一千五百張，幾期後，如今庫房竟堆了五百公斤報紙，不知道該怎麼辦？他說能否弄到台灣發放出去，希望發生一些影響。

當然，我對他的報紙推不出，也是幫不太上忙，頂多只能做一些交流，這也符合《鳳梅人》報倡導中華文化的宗旨。是這些也有很多難題，一者兩岸出版品沒有開放，海運、空運都很貴。再者，由於政治因素，有些文章在大陸不刊行。如第二封信中寄來的「強健自身」，我只好把它收在本書。

我對劉焦智的事業，既幫不上忙，為何寫本

山西芮城凤梅集团 公用笺

0359-3026338 8868636（兼传真） 3287234 ②

山西芮城凤梅集团 公用笺

0359-3026338 8868636（兼传真） 3287234 ③

怎样做人 搞好心 交好运 生意绝招 于人有利 于己有利

严格执行 说一句 算一句 工作特长 答复问题 只用一秒

文，我是居於對這個人的敬佩，他的作爲、思維，合乎中國春秋大義的評量標準。在當今中國社會（含台灣、海外）中，我所知道者，僅他一人。

當代中國近十四億人口中，確實僅他一人。個人做點小生意，把賺來的錢，用來辦「私人報紙」，宣揚中華傳統道德文化，把報紙寄送（贈）到所有可以送到的地方。有誰見過第二個這樣的人，沒有，也許有，但我未見到或聽到過，所以本文目的是把這位我心中的「春秋典型報人」介紹給大家。

這位劉焦智先生，事實上我並未見過面，若突然碰到當然也不認識，但我們也可以算是「心心相印」了，他心裡想甚麼！我是確實知道的，這只是兩三年來不過通了幾回信的「成果」，很神奇吧！

人與人之間就這麼奇妙，與未曾謀面「不認識」的人，可以成爲心心相印的朋友。但交往三十年的人，卻不一定知道他心中盤算些甚麼！或因一句話，瞬間就成了仇人，神奇啊！神奇！

但我即稱劉焦智是「春秋典型人物」，總得說的有根有據，不能用拈花微笑這麼玄妙的方式，根本是想像中的飛在虛空中翺翔，就有欠真實。在我所搜證的資料中，有一個叫侯滿玉的人，寫〈怪人劉焦智〉一文（鳳梅人，總第三十五期，二〇〇七年八月八日），用自費辦報、自樹對頭、自調稅額和賠錢見義，四大標題「定位」劉先生。

首先，我對侯滿玉用「怪人」形容劉先生有意見，「怪人」意味著不正常，但何謂「正常」？何謂「不正常」？也難說。左派看右派是不正常，右派看左派也是，中間派看左右都不正常，反正和自己不同的，都是不正常，這是人性之通病。但無論如何？遠在天邊的我，就從那篇文章來了解劉焦智這個人，證明他合乎春悅秋大義的典型人物。

劉焦智今（二〇〇九）年是六十歲，山西芮城人，少年時家貧，中學又碰上文革，輟學在家幫父親担起生活重担。幸好，中年碰上經改啓動，率先響應號召經商，成爲第一批富康殷實之家，應也是小康局面。

他說到了老年（還算中年），看到社會上飽則思淫欲、燈紅酒綠、紙醉金迷，包二奶的，明鋪暗蓋的，三房四妾甚至更多有之……

劉焦智富貴不思淫，目睹官場腐敗，社會風氣糜爛，極思可以改善的方法。他從個人所能爲開始做，興起在自己企業內辦報，他文思泉湧，寫出一篇篇討伐貪腐的文章，一篇篇呼籲倡導傳統文化道德的佳文，如警世之鐘。更進而保留大版面，刊登台灣文壇的作家詩人做品，如秦嶽（秦岳）、晶晶、台客、丁穎、王祿松、劉美娜、白靈、賴益成、李政乃、曾美玲、林靜助、鐘鼎文、陳錦標、文曉村、金筑、古添洪、余光中、孫大公（我常提及的春秋典型、在美國）、汪桃源、范揚松及筆者，都常在鳳梅人報發表作品。

中國傳統儒、墨、道、法等各家經典，也是劉先生大力宣揚的內容，他只想要對這個社會，尤其國家統一繁榮有些影響。他不惜花費自己的精力、財力，自己編輯，自費辦報，免費郵寄全國及世界各地給人看，以喚醒更多中國的民族魂。

同行相妒忌是商場上的現象，經商的總希望這一行的生意全給我做，利潤歸我一人所有。但老劉卻不如此，侯滿玉說他「自樹對頭」。怎樣樹法？劉先生是經營建材裝潢材料的，每回外出到深圳或上海的廠家進貨，總要帶幾個同行。帶到大城裡開眼界，順便「見習」，回來也開起裝潢材料生意，這在台灣叫「就業輔導」或創業。有人勸他說：

「便帶人到大城裡參觀見學了，他們壯大了和自己競爭嗎？不是給自己樹立對頭嗎？」正是，老劉說：「這有甚麼不好？有競爭者不是壞事，競爭才能發展，也正好符合鄧小平帶動大家一起富的精神。」

可見的他這個人不自私，且有大公精神，也很有自信心，不怕有人來競爭。身爲一個商人，願意與人共利，這種性格的人，若有機會給他，他也會與人共有天下、共治天下、共享天下。有一回，劉焦智參加當地稅務局長的一個會議，會中他發言說：「今年生意火爆，原定的稅額該漲一些了。」天啊！這可是古今中外未有之言論。

讀盡中外史實，聽盡古今軼聞，只有商人逃稅漏稅，未有自動增稅的事。於是在當地爆出熱愛國家、積極納稅、自調稅額的頭條新聞。就這點，他把多納稅當成一種光榮、愛國的事，他確實與眾不同。

《鳳梅人》是劉焦智一人辦的報紙，他要做生意、編報，每期要寫幾萬字，他集商人、作家和報人於一身。很多人關心他，勸他別把身體弄壞了，有一陣子不知原因爲何！他遭受到困境（或打壓吧！）。我就曾去信給他，勸他「收山」吧！曾經走過就好，心力都盡了，也問心無愧。我自己辦的《華夏春秋》雜誌只維持六期，不到兩年打烊了。結果他不僅沒把《鳳梅人》報收攤，更激發了他的幹勁。他在一篇「我的能量」的文章感謝大家的關心，並寫道：「但說實話，我個人蘊藏的能量，還遠遠沒有發揮出來。」他舉實例說明。

十八年前，他不僅對付芮城電霸的欺壓，又要治療幾個見他辦木器廠有賺錢的紅眼病患；三十多年前，面對文革殘餘欺壓本鄉，他粉碎那些惡劣村幹。老劉輕鬆說著：「我一個人同時在幾個戰線對付幾群烏合之眾，是滿不在乎、輕易取勝的。」

從二〇〇七年十一月起《鳳梅人》報開展一項業務，我敢說這是全世界報業所沒有的業務，我稱之「打抱不平」。他刊出公告：凡從我弟（老劉的弟弟經營建設公司）西建公司購買房子者，若有大小毛病，該公司有「不善之鳥」置百姓利益不顧，催三五回電話也不理，就來金果市場七區見我，一定還一個公道；還有，若有專欺壓窮人，非要送禮拿紅包才辦事，定要給他一點顏色。

這種管人「閒事」的事，劉焦智如何看待呢？他說：表面上別人受益，實質上他自己才是最大受益者。因爲成全了「我的天良得以付諸實施」，感謝那些找他解決問題的人。

這精神在中國常民社會中，自古以來唯「俠義」二字名之。所以，我研究劉焦智這個人，除商人、作家、報人，也還是個現代「俠者」。

第三篇的幾篇文章是劉焦智寄來，囑我好好用。一篇「強健自身」，另一篇申明他私人辦報的主旨，應更能讓海內外中國人了解劉焦智，也更知道本書爲何要尊他爲春秋大義的典型人物。再者，他的「三論」道德的三篇文章，也收在本書。畢竟，讀他自己的東西，最能了解劉焦智這個人。我之敢把老劉的作品收在本書，因他幾乎每期《鳳梅人》報有如下公告：

> 任何單位或個人從《鳳梅人》網上或報上取用署名劉焦智及子午戌、申醜亥、萌春、旺夏、秋果、冬勤七位作者的文章或詩詞，——即使換上他自己的名字在任何刊物上刊載，不予追究。

天啊！有這種氣魄、大雅量的人，我在台灣只見到《遠望》雜誌（廖天欣主持）的作者群，但也只說「歡迎轉刊轉用」，沒有到「換上自己的名字在任何刊物上刊載，不予追究」境界，像劉焦智這樣不同於現代著作權觀念，確實是另一種上乘之境界。

也因劉總有此境界，把他的幾篇文章放在本書，也等同《鳳梅人》宗旨進一步宣揚與實踐。

近一、二年來，我出於敬佩和興趣（對劉所做的事），我慢慢的，竟也「研究」出很多他的東西。發現他以一位民間生意人（儒商），自費辦報，進行文化交流，宣揚中華文化；因而在《鳳梅人》報裡出現許多當代中國文壇上，很好的作品，包含地方史蹟、現代詩、傳統詩詞、文學評論、政論評文、人物傳記、書信、書法、繪畫、小品、長篇連載等。本書所研究除緒言外，大致在下列領域，即本書各章：

△山西芮城——兼述首屆永樂宮國際書畫藝術節。

△劉焦智這個人——探索他的真實生活面。

△劉焦智《鳳梅人》報那裡獨特？

△劉焦智與台灣人。

△再談劉焦智成長背景——並兼述劉父劉開珍先生。

△劉焦智的現代詩創作。

△在鳳梅公司召開「兩岸中華文化與孔孟倫理道德研討會」。

△從一些書信往來看我們在搞甚麼？

△從鳳報幾封書信說起：國共再合作與國家統一之平台。

△《鳳梅人》報上的書法交流。

△《鳳梅人》報上的台灣詩刊雜誌書籍交流。

△《鳳梅人》報上的台灣詩人作品賞讀。

△文以載道：《鳳梅人》報上的反貪倒扁詩。

劉焦智本人的文章有五篇添增本書的光彩：

△抵御一切邪惡最理智最有效的作法：強健自身。

△略論道德教育：我辨《鳳梅人》報的主旨和緣由。

△再論道德教育：理智源于仁德。

△三論道德教育：追尋殘害兒童智力正常發展的真凶。

△盲目盲從茫茫然。

筆者個人有兩篇俱批判力的文章列爲附件。

△春秋典型與亂臣賊子。

△中國統一的時機快到了。

正當本書將完稿之際，我獲邀參加今（二〇一〇）年十月二十八日到三十一日，由武漢中南財經政法大學新聞與文化傳播學院主辦，「第十六屆世界華文文學國際學術研討會」。我檢視大會主題：

總主題：多元文化共建的世界華文文學。

分議題：

㈠近三十年華文文學學術史梳理。

㈡兩岸四地文學對話。

㈢海外文化語境中的華文創作與研究。

㈣華文文學教學實踐與教材建設的新問題。

㈤世界各地區華文文學最新信息交流。

端詳一陣，發現本書內容與分議題㈡㈤應合題意所要，當下決定以本書爲參加大會的報告文章。但大會不可能讓我報告全書，這篇導言正好是一份綱要，提交大會報告。

第一篇：山西省芮城縣——劉焦智這個人

△山西芮城：兼述首居永樂宮國際書畫藝術節

△劉焦智這個人：探索他的真實生活面。

△劉焦智《鳳梅人》報那裡獨特？

△劉焦智與台灣人。

△再談劉焦智成長背景：並述劉父劉開珍先生。

△劉焦智的現代詩創作——讀「道德立體交叉橋」長詩。

△在鳳梅公司召開「兩岸中華文與孔孟倫理道德研討會」。

第一章 山西芮城

——兼述首屆永樂宮國際書畫藝術節

山西芮城在那裡?費了好大工夫才從地圖上找到，原來在山西省最南端。又讀了劉焦智寄來的各種資料，才比較清楚，我想研究「人」之前，先了解這地方。

芮城縣位於晉、秦、豫三省交界處，是山西省南大門。在我國商朝時代，是芮國所在地，周初封侯叫魏國，史稱「古魏」。芮城北依中條山，南臨黃河，屬山河形勝的兩陽之地。全縣轄七鎮三鄉一六九個建制村，總人口三十九萬人（二〇〇八年四月資料），總面積一一七八平方公里。

可見芮城是華夏文明的發祥地，難怪能孕育出像劉焦智這種具「春秋大義」的人。芮城也是很多中華盛景的「產地」，如一百八十萬年前人類最早用火遺址西侯度，有新興的道教始祖，呂洞賓故里，有全國道教三大祖庭之首，世界壁畫藝術寶庫永樂宮，有佛教祖庭壽聖寺。《詩經・魏風》提及舜耕歷山、大禹治水、虞芮讓田的故事，都發生在芮城縣境內。以洞賓故里、黃河風情、生態芮城爲主題的根祖文化遊、道教文化遊、生態文化遊，吸引海內外遊人（尤其中國人）紛至沓來。

「十一五」期間，新一屆縣委、縣政府，帶領全縣人民堅定不移地走生態文明發展之路。堅持「修路、抓大、綠化、開放、公平」十字方針，大力推動「雙三雙十」工程。一個富裕、文明、環境優美的和諧芮城，正在黃河中游金三角地區快速崛起。

尤其具有幾千年深厚文明文化背景，又有主客觀有利條件的配合，「芮城首屆永樂宮國際書畫藝術節」，於二〇〇八年九月廿八日到十月四日，在永樂廣場和永樂風景區盛大舉行。是會，由中國書法家協會、中國美術家協會、山西文聯、中共運城市委宣傳部和中共芮城縣委、芮城人民政府主辦，由芮城宣傳部、關公書畫院和永樂宮壁畫藝術博物館承辦，實是一項高規格、高層次的藝術盛會。

該會集藝術展示、學術交流、藝品交易爲一體。盛會內容可按「八項活動」、「四場」和「四會」系列開展。

八項活動包括：邀請國家和省、市、縣各級領導、書畫名家、獲獎作者及書畫愛好者、各界群眾參加，體現藝術節的廣泛性，同時邀請各界學者、專家舉行高峰論壇。

四場是指開設書畫產（展）銷、工藝品展銷、古玩和集郵市場，無償提供攤位，以擴大參與，活躍氣氛。

四會是指舉辦金果科技博覽會、旅遊推介會、新聞發佈會及經貿洽談會，搭建交流平台，促進經濟發展。

以上我先把芮城這地方及盛會，做一簡明介紹。本書主角劉焦智先生就是生長在這塊「寶地」，難怪在他一首長詩〈道德立體交叉橋〉（也收在本書），說「比爾蓋茲先生，與您相比，我傲爲富翁。」

補注：據韓鐘昆〈芮城紀事．讀史遮拾〉：

一百八十萬年前的芮城，史家稱「西侯度文化」，這個文化層發現有石制品、燒骨、帶切痕的鹿角和動物化石，年代上屬「第四紀更新世，相當於南亞熱帶、亞熱帶氣候。喬木有松、榆、櫟、樺；灌木有蒿藜；動物有東方劍齒象、大熊貓等。

公元前十一世紀（商末周初），到周幽王涅十一年（公元前七七一年），是歷史上的西周時代。此時推行封建制度，芮伯即此時，封於黃河邊這塊土地，稱「芮伯國」。

芮城永樂宮，唐代是呂洞賓故居，稱呂公祠。金代改祠爲觀，後毀于火．元代中統三年重建，改名「大純陽萬壽宮」，後再改「永樂宮」，是現存最早道教宮觀。一九五九年修三門峽水庫時，將建築物和壁畫移至龍泉村龍王廟附近重建。

境內風陵渡為同蒲路終點，同蒲路於清宣統三年（一九一一）時，以糧、鹽捐集資修建，到一九三六年才完工通車。

一九三七年抗日戰爭爆發，當時民主人士李公樸在《走上勝利之路的山西》一書提到，芮城縣長在敵人未到之前，即離任他往，由犧盟會領導自衛隊收復了縣城，逮捕了維持會的漢奸分子。

以上依韓鐘昆的文章簡述芮城歷史，做為補注。韓先生一九三二年出生，山西晉城人，曾任職山西日報、人民日報等。有政論、散文、詩歌等著作多種。

（以下芮城勝景圖片，取自關公書畫院刊，二〇〇八年四月二十六日，第五期。）

宋代建築 — 壽聖寺舍利塔

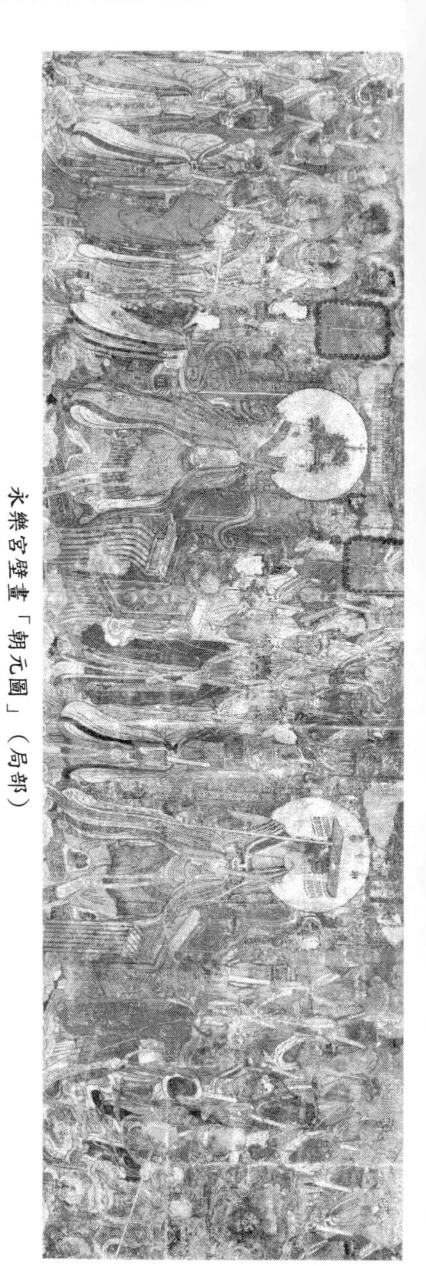

永樂宮壁畫「朝元圖」（局部）

芮城地理位置示意图
中华人民共和国
北京
太原
西安
郑州
上海
成都
芮城县
广州
芮城
●中国版图的"天心地胆"
●西北、华北、中原三大
经济区域的结合部
●国家级生态示范区

芮城
● 华夏文化的摇篮
● 壁画艺术的宝库
● 旅游观光的胜地
生态芮城 文明和谐

大禹渡 — 黄河游氣墊船

西侯度 — 180 萬年前人類最早用火遺址

永樂宮三清殿

黃河水以每秒1,000立方公尺的速度奔流到此，遇到陡崖急速收縮而注入深潭，激起巨浪，濤聲震天。

堯廟俗稱三聖廟，用於紀念堯、舜、禹。

本文再將芮城背景資料稍做補充，山西省地區可謂我中華民族之發源地，更是歷代人文地理古蹟之重寶。範圍太大的地方不須說，僅就芮城以北不遠處（幾十公里）的臨汾，就已有一「脫拉庫」世界級的古蹟勝景。因此地爲堯王在此建都，向有華夏第一都之美譽。重要景點如堯廟、晉國遺址、洪洞大愧樹、蘇三監獄、東嶽廟、小西天、丁村文化遺址、壺口瀑布……說之不盡。

壺口瀑布（如上照片），是黃河河道上第一大瀑布，其地驚濤巨浪，「千里黃河一壺收」，蔚爲絕世奇觀，而「旱地行船」，千年概莫能變，百聞不如一見。

堯廟（如上照片）俗稱三聖廟，紀念堯、舜、禹三位民族先祖。始建於西晉，經唐、元、明、清歷代修建，占地七百八十餘畝。

晉國遺址在臨汾下轄的侯馬市，重要遺跡四十多處。如古城、宮殿台基、宗廟建築、盟誓遺址。一九六五年出土五千餘片盟書，郭沫若、陳夢家等研究甚多。

總之，芮城周邊地區之民族勝景，真是說之不盡。而不知還有多少尚未被發現，才不久前，晉城市文物局進行普查時，在澤州縣大箕馬葦村的關帝閣大殿，發現面積最大、繪畫水準極高，且成系列畫面完整的關公壁畫（如前剪報）。這些都是中華文化組成的重要部份，吾人身爲中華兒女，保護、復興、傳承與發揚中華文化，應是終生之志業，是一種「天職」。

最大關公壁畫　現山西

【人間社記者觀琛綜合報導】中國山西省晉城市文物局，日前針對境內進行普查時，在澤州縣大箕鎮馬葦村的關帝閣大殿，發現面積最大、繪畫水準極高，成系列且畫面完整的關公壁畫。

馬葦村村東懸崖峭壁上，有一座市級文物保護單位「仙台寨」。據考證，這座山寨修建於明末，是當時村民為躲避戰亂而建。關帝閣在村子北面，每年農曆十月初十，村民都會去關帝閣祭拜。

關帝閣面積約四、五十平方公尺，東南北三面牆壁上，是關羽生平的彩繪。在東牆排列有序的二十四幅畫，是殿內壁畫的主體，總寬約六點三公尺，高約一點五公尺。在正氣歸天、玉泉山顯聖、平仙池等壁畫中，關羽騰雲駕霧，顯示封聖後的盛況。

根據馬葦村關帝閣呈現的明清建築風格判斷，壁畫應繪於明末清初。該村東山崖上建於明末的仙台寨，正好與之相印證。此一發現，對研究關公文化和明清民間壁畫藝術，具有重要的參考價值。

人間福報.2010.元.二十二.

中國山西省晉城市的關帝閣大殿上，發現成系列且畫面完整的關公壁畫，專家推斷為明末清初作品。

圖／取自網路

第二章 劉焦智這個人

——探索他的真實生活面

要探索這個人也著實不容易，因爲我即未與他生活過，亦未共事過，也沒有別人的著作可參考。但他這個人，就中國常民社會中，以春秋節義標準言，是很値得研究，値得成爲一個「典型」，向廣大的中華子民介紹的。

我只好從他發表在《鳳梅人》報上的一些小品，側面來觀察他這個人。在總廿六期他有一篇談榮與辱的短文，提到他每日會思索的幾件事。

第一、每日生活所需、所用、所花，是自己勞動所得呢?還是來自不正當渠道?是榮呢?還是辱?

第二、父母療病、生日和埋葬時所花的錢，是我掏夠數了呢?還是沒有?若一時手頭緊未掏夠，大部份是兄弟姊妹掏了，自己是心安還是不安?是榮是辱?

第三、那些敲詐勒索得不義之財（可能他聽到或看到），卻編造爲國爲民的名目騙人，達不到目的又不惜丟人，偷偷給下屬送水果，企圖掩蓋，極盡低三下四之能事，是榮還是辱？

第四、每天、每時、每刻都在拍馬屁、送禮的人，又看不起小老百姓。認爲與他們見面握手時，只宜伸左手，甚至高高在上，目中無人，是榮是辱？

很難想像劉焦智這樣的「素人」，有著孔子「每日三省吾身」的修爲，可以保證此人一生不會沉淪。就第一項言，他必是一個勤勞的人，勤於工作，勤於利用時間學習，勤於思考。這樣的思維正合乎中國傳統美德，是一種「耕讀」精神，是一種「農禪」（佛教禪宗）思想，都強調勤勞美德，老劉不僅躬身實踐之，且辦報宣揚。

第二項是孝親和兄弟姊妹平輩的相處之道，傳統家族因人多共處，難免有爭議有私心，亦爲人之常情。劉先生在這「私領域」中始終抱著多付出的心態，由此便能突破「私心」之大敵，私心是人性自然之有，也是人性之大敵，要突破是極困難的，他突破了。

第三、四項是他對社會現象和官場的觀察，也是一種批判。對於國家、社會的黑暗面、腐敗面，他真是深惡痛絕，不可形容，只好拿起「春秋筆」痛批。

從這四點看，劉焦智這個人天生對自己、對家庭、對國家、對社會，乃至對五千年中華民族，有著強烈的責任感和使命感。這種崇高的性格雖謂「天生」，也有部份是青少年生活經驗的「內化」形成。在《風雨滄桑》第一部份〈逆行千里〉記錄一段少年受辱經驗。

一九六八年劉焦智到木業社學木匠，村裡一些「紅帽子」嫉妒要整劉家，不分給他們全家八口人的糧食，一連幾年。到一九七一年，別家人均分五、六百斤高粱，他家只領幾十斤，二弟智強和姊姊去理論，被「貧農隊長」侮辱一番，兩個孩子提著空糧袋一路哭回家。

那時在農村稱「隊長」的人，大家叫「土皇帝」，主宰著每個家庭的政治經濟命脈，眾人奉承巴結之舉，簡直到了令人嘔吐之境地。

還有更早的兒時經驗，一九五九年元月有一群地方流氓登門搶劫，當時三弟智民未滿月，二弟智強才兩歲。母親樊氏走投無路，跳進家門前一個大池塘，幸虧有好心人及時打救，才沒被淹死。

另有一事對成長中的孩子影響很大，劉焦智的父親劉開珍，對朋友總是有情有義，甚至兩肋插刀也無懼，文化大革命後期，地方上有兩派武鬥奪權，「紅總站」打敗「八八部」後，把另一派人逮住集中一起，用鋼鞭和棍子打，稱「五月專政」。當時父親有個朋友在上莊叫願娃子，兩個兒子參加八八部逃亡在外，願娃子跳井自殺，家中只剩和老小，因政治背景險惡，親友紛紛遠離。但劉父無懼許多威脅，依然繼續幫助照料朋友家小，對於惡勢力放話要給他好看，毫不在乎，一意做著認爲該做的事。

事實上，類似的苦難許多人都經歷過，社會也不是只有老劉所處的才世態炎涼，人情也不是只有文革時期才薄如紙，古今中外皆如是，萬年後亦如是，這是人類這「物種」的本性，除非不是人類。而受歧視、受侮辱，更是很多人曾有過的，所不同的是面對這些種種困境，不同的人產生了影響，製造了不同的結局。

有的人選擇跳樓跳海自殺，有的人選擇燒炭自殺，有的人引爆瓦斯找別人共赴黃泉……或不自殺，選擇從困境脫逃（逃亡）……或以更消極面對人生，或有人變成更邪惡，去歧視別人，凌辱別人以自娛……

有的人選擇自立自強，以己之力慢慢改變環境，改變每一個人，希望這個社會的歧視少一些，希望腐敗和黑暗少一些，希望有更多的人認識傳統中華文化的可貴。那麼，我們所處的社會才能愈來愈可愛，人愈來愈誠實，中華民族才會有希望，劉焦智屬於這類的人，他也許不是甚麼大企業家，更不是高官，但他對社會的影響，大過一個「部長」。

也許這樣還不能介紹劉焦智這個人，最貼近生活面到底是怎樣！有一個他的鄰村友人叫燕自修，在一篇〈承先祖之德的朱陽人〉（鳳梅人報，總第三十四期，二〇〇七年七月七日）寫道劉焦智這人的特點，不管是朋友、親戚或熟人，只要您有不對之處，當面劈裡啪啦，快刀斬亂麻，痛批一頓，不留一點面子，使您尷尬無容。一次一個朋友找他妙談如何施巧技賺錢時，他立即從床上下地，怒色呵斥，抓住胳膊，把他推出門外。

焦智這個人，就是「這」！

就是這樣，當代中國社會有劉焦智這樣的人，而且我看到海峽兩岸有愈來愈多像他這樣的人，保證了廿一世紀中國的崛起，保證「廿一世紀是中國人的世紀」。不管我怎樣寫，怎樣說這個人，似乎總有些不夠清楚。我讀到劉焦智發表在台灣詩刊的一首短詩，就是他自己，〈使命〉一詩：

蠟燭，
來到這個世間，
就是為了——
燃燒自己，
放出火焰。

即使——
只剩下了豆大一點
還在放光，
還在再燒。

只有——
到了那一天：
蠟，也盡了，
光，不見了。
你可以——
仰起頭來，
看得見——
那一縷直升的青煙，
飄往遙遠、遙遠……

《葡萄園》詩刊，一八三期，二〇〇九年八月十五日對於劉焦智的「認識」雖是近幾年的事，專心讀他的《鳳梅人》報也不太久（沒有秦岳、文曉村久），至今亦未曾謀面。但我敢斷言，這首短詩正是劉焦智對自己的期許，是一生志業的「意象化」和詩化，這只要讀他那三篇有關道德的論述（在本書第三篇），就很清楚的可以理解。就算未讀他那三篇文章，其他書信、短文、長篇文章，都彰顯了對自己民族的認同感，對文化的使命感，他才能不斷奉獻他的心力，這是真實面的劉焦智。

第三章　劉焦智《鳳梅人》報那裡獨特？

劉焦智和鳳梅人報是分不開的，分開是二，合而爲一。所以「人是報、報是人」，現在我要研究的，是這個山西芮城由劉先生自費所辦的小報社，到底還有那些「特色」是和一般報社不同的！當然，一個團隊必體現經營者的精神，也等於是人的特色。

第一、文以載道、獻爲公財。中國傳統思想向來有「文以載道」的使命感，故文章乃千秋大業之事，如韓愈（河南孟縣，公元七六八—八二四年）的「道統論」。劉焦智以文章經世之心甚爲明顯，而他進而把文章獻出爲一種公共財，較之古今中外的文人拘泥於「版權所有・翻印必究」，確實更開闊，視野心胸都更寬廣。在《鳳梅人》報各期常有「敬告海內外中華同胞」事項，其中之一項：

任何單位和個人從《鳳梅人》網上或報上取用署劉焦智及子午戌、申醜亥、萌春、旺夏、秋果、冬勤七位作者文章或詩詞，——即使換上他自己的名字在任何刊物上刊載，不予追究。

這真是了不起的創舉，在台灣我只見《遠望》雜誌（廖天欣主持），及我辦《華夏春秋》時，聲明把文章獻爲「公共財」，任人使用，另外就只見大陸的劉焦智，我才說敬佩。又相較於我常聽到有些詩人、作家，人家「不小心」用到幾行（或幾句）他的作品，便一狀告到法院，說要把人告到死，人之心胸寬窄之別，如天地之落差。

第二、以俠義倫理經營事業。劉焦智這個人有濃厚的傳統倫理觀，對宏揚儒家思想有堅定承擔的使命感。另外，也有深刻的俠者情義色彩，此在很多方面可以觀察到，我曾在文章中指出「俠」是他另一鮮明的角色。在他的鳳梅五金店右門外有這樣的對聯：

美德　老弱病殘我不欺

祖傳　虎豹豺狼我不懼

把這樣的對聯標示在公司裡，表示老闆自己嚴守這種規範（精神），更表示要讓這種精神成爲公司的「企業文化」，並希望（甚至要求、教育）員工也有這種俠義精神，在公司左門內更有如下自勵短文：

建店廿一年，人世五六載，流血灑汗，無所成就。只澆灌、培育了兩枚「焦果」：

㈠金錢和財產如果不能給民族和人民換取福澤，反而變成後輩不成器的禍根，不如沒有錢財；㈡榮譽和地位不能成為促人不斷上進的力量，反而成了騎在人民頭上作威作福、謀取不義之財的本錢，不如沒有榮譽和地位。只是不知。當今之世界上，與我共鳴者，還有何人？

短文之上的大標題是「覓知音」三個大字，劉焦智用這標準覓知音，真是難、難、難啊！但我肯定對自己說，「我就是這樣的人」，我不就是劉總的知音嗎？

但，其實也不難，在《鳳梅人》報上，已有許多中國的詩人、作家、藝術家在他的報上揮灑春秋大業，宣揚中華文化，這些都是劉的知音，不是嗎？

吾人要特別注意！那短文的兩點，金錢財產、榮譽地位，所存在的意義都是人民的福澤和民族的興衰，而不是把錢財聚集給子孫，更不用地位謀私利。敬佩啊！劉總，我們想法一致，我才對你有興趣！

第三、《鳳梅人》與作者讀者如同一家人。鳳梅人和一般報社最大不同，也是最大特色，應是鳳梅人是一家不以營利爲目的的報社，性質與我的《華夏春秋》雜誌社相同。但我卻沒有能耐把「編者、作者、讀者」經營成一家人，由此也見劉焦智的用心、苦心、能耐，乃至才華，絕對在我之上很多。有一位叫趙新蘭的作者，發表一篇文章「未曾謀面的熟人和老師」（《鳳梅人，總四十期，二〇〇八年二月四日），有如下幾段話：

《鳳梅人》報的每個讀者們，一定非常清楚，在該報發表文詩的大作家、書法家、大詩人無數：中華人民共和國文化部部長孫家正、原《人民日報》高級編輯韓鐘昆、享譽海內外的偉大詩人和學者秦岳、施快年、台客、金筑……集合在《鳳梅人》報這個文華交流橋上融為一爐，其樂融融的一家人……

能把一家報社和讀者作者的關係，經營成一家人，這幾乎是讀過《鳳梅人》報的人，共同感受和敬佩的地方。「義利」問題在中國歷史上，自孔孟以降，九流十家論辯了兩千多年。我以爲「義利」是合一的，合乎「正義」之謀利也是義，在此規範內「義是利、利是義」。二者不能區分開來談，完全不義求利如土匪強盜小偷；而捨利求義，又成純悴「形而上」，成了「絕對精神」，凡人是做不到的。劉焦智把「義利合一」，洽到好處，他深得中國儒法二家精神。

還有一位讀者叫郭尚志，他的短信：送給《鳳梅人》報刊的一封信（總四十二期，二〇〇八年四月四日），我照錄如下：

我的一位朋友給我送了一份報紙，如果在平時，我只看標題，不看內容。當我第一次看到了這張《鳳梅人》，竟是一覽無餘，那些感人肺腑的文章，至今仍然歷歷在目。內容真實，沁人心脾；傷心之處，催人淚下。那些追蹤憶祖的字字句句，常常使我夜不能寐，浮想聯翩，竟給我留下了抹之不去的形影。那些世言警句，激勵和教育著代代的人們。這個報紙辦得好，我是一名忠實的讀者，也願當一名作者，與貴報共勉。謝謝。郭尚志　二〇〇八年三月二十日

一封短短的信、平常的信，道出「不平凡」的春秋大業。我要說這是劉焦智辦《鳳梅人》報的另一特色，放眼全世界的報社，那家報社的「真實」和「人性」做到這個境界，在台灣可能只有佛光山星雲大師的「人間福報」，能與《鳳梅人》報相同境界，當然性質不同，但「真實、人性」則一。其他報社都差的遠，尤其林榮三、吳阿明經營的「自由時報」更是天天說謊，日日造假的報紙，根本被當成「垃圾報」。

爲甚麼我說台灣的自由時報是「垃圾報」，因其報紙成立之宗旨，在醜化中國、醜化中國人、醜化中華文化，同時製造台灣內部分裂，割離善良族群，以有利於台獨。爲此要長期的「洗腦大工程」，該報上下只好天天說謊，日日造假，說中國人都是劣種，中華文化是人類文化中，最下流的文化。我想：那是在說他們自己吧！他們身體中流著炎黃的血呢！從小也讀孔孟詩書長大的，怎的就否定了自己，否定了自己的祖宗，欺師滅祖滅親啊！

相較於《鳳梅人》報，「自由時報」不是垃圾報嗎？那位叫郭尚志的人，他心中的

感受，正是所有讀過《鳳梅人》報讀者的感受。鳳梅人的「真」是一種正義，故也是「善」，合乎真善，必也是美。

第四章　劉焦智與台灣人

「台灣人」這三個字，在台灣已被台獨份子操弄的「不成人」了，是不是台灣人？愛不愛台灣？已成爲很負面、很諷刺、很無聊又很無趣的字眼。除政客騙人和一群無判斷力的物種還在講，餘已無人敢說，也無人願意講真話，就算朋友也不說，因爲說了真話，若分屬統獨不同陣營，瞬間朋友就成了敵人。

很可怕吧！是可怕，也是悲哀，這是台灣的宿命，無人有能力改變，只有戰爭、鬥爭能改變。

但事實上，是那裡人本來很單純。例如各國法律有規定，戶口遷入便是那裡人，或住多久就是那裡人。另外也有各種認定，例如在山東出生便叫「山東人」，很久住在一地便是當地人。以筆者爲例，我出生在台灣省台中縣大肚鄉，我可以說是「大肚人」、「台中人」或「台灣人」，但搬台北住了三十年，也算「台北人」；而我祖藉是四川省成都市，所以我也可以是「四川人」，是「成都人」。

本文所講「台灣人」是從這個平常、平凡而簡單的道理出發，這樣很單純，沒有爭議。許多大陸來台的長者，在台灣住了半個世紀，當然是「台灣人」，但也是中國人，就文化、血脈論之，我們都是炎黃子孫。

劉焦智和許多台灣人有交往、有交情，每期《鳳梅人》報大量刊登台灣作家、詩人作品，如我曾列舉的文曉村、台客、賴益成、秦岳、晶晶、白靈、李政乃、曾美玲、林靜助、林明理、孫大公、王祿松、鐘鼎文，乃至天王余光中等，在下不才當然也是。同時也介紹這些作家詩人的作品，並把報紙寄給大家，由這些朋友進一步分送出去，此種用心多麼良苦，思維多麼深遠！

更進而一些「名人」，如連戰、宋楚瑜、邱毅、徐旭東、伍世文等，也曾寄贈他們《鳳梅人》報。在眾多有交往的台灣人中（含筆者），與劉焦智交往最久最多，最了解劉總的，應是葡萄園詩刊創建者文曉村先生和海鷗詩刊社長秦岳先生二人。我尊敬的文老已去了天國，他在二〇〇六年八月三十日曾有一信給劉焦智，文中一段說：

> 我是秦貴修（秦岳）的老友，你創辦的《鳳梅人》報，經秦岳兄的介紹，我已經看過了好幾期。非常佩服你以發揚儒家文化為宗旨的辦報精神和魄力……我個人

在一九四五年秋至四九年夏，曾是太岳軍區司令部及六十軍服務過四年，四九年秋，隨軍過黃河，參日解放西安及四川成都戰役。芮城屬晉南分區，說起來，咱們也算半個老鄉吧？……（詳見《鳳梅人》，二〇〇六年十二月二十二日）

文老是河南省偃師縣人，當然也是台灣人，也算半個芮城人，現在是「天國人」或「佛國人」。從文曉村先生的信，可知秦岳認識劉焦智較早，了解應也較多。秦岳有一篇文章「劉焦智這個人」（刊鳳梅人總第三十期），提及親訪芮城劉焦智先生的經過。二〇〇六年九月二十日正午十二點，劉焦智的女婿許高峰，從山西芮城開車到鄭州接秦……一路上車上不斷播放「論語」及賞析……車過靈寶、潼關、黃河大橋，五點多到了芮城。

到了劉總的金果市場鳳梅公司，醒目的招牌，使人眼睛一亮。當晚地方碩老俊彥、親朋好友，定是一翻熱鬧，與志同道合之人交友，自有說不完的快活。秦岳在該文以三點簡述形容「劉焦智這個人」。

首先是「生活儉樸」。在三姑家吃滷麵，不慎掉了一根麵條在桌上，劉總毫不猶疑用筷子夾起來送入口中，此種惜物之美德在劉總身上自然的表現出來，而當晚則安排秦岳住銀河賓館，又體現主人的禮遇待客。

次要「不計名利」，獨立辦報宣揚儒家思想，傳承傳統文化，這些錢都要來自生意所得之微利。在日愈功利的現代社會，身爲一個商人，願意承擔這種文化使命，多麼叫人敬佩。

再是「待人真誠」，與劉交心，是透過報刊、書籍、信件、電話。從未相見過，這是初次晤面，就像幾十年相知的老友，毫無隔閡，坦誠相對……

秦岳的感受我能體會，我與劉焦智到今（二〇〇九年十一月）尙未見過面呢？已有「交心」的感覺了。因爲我們對中華民族有共同的認同感，對傳揚中華文化有共同的使命感，當然就是「志同道合」啦！若志不同，道亦不合，半句話也嫌多，看了也討厭，是不？

有些台灣人也是芮城人，且有同鄉會成立，一九八三年二月二十日，農歷癸亥正月初八，「山西芮城旅台同鄉會」在高雄成立，首次聚會有三十多人。是日，秉承同鄉已故名流尙因培（厚庵）增進鄉誼之遺意，公推張唐天（芮縣石湖窰人）爲會長，李英（嶺底人）爲副會長，任駿（太安人）爲總幹事，張拯民、石臨生爲幹事，會後編印「旅台同鄉名錄」等事。

爲何要提芮城旅台同鄉？因劉焦智與當中會員頗有交誼，石臨生（芮城東壚鄉坑南村人）、任駿等人，亦有作品在《鳳梅人》發表，梅人報成爲「山西人也是台灣人」的連繫平台，台灣人想念故鄉，只須看《鳳梅人》報，成都人說：「格老子劉焦智，更是要得！」

第五章　再談劉焦智成長背景

——並述劉父劉開珍先生

台灣《海鷗》詩刊社長秦岳先生稱劉焦智爲「奇人」，按我的研究，清楚的定位，應在愛國商人、作家、詩人、報人或俠者筆角色意涵之內，而「愛國商人」似乎也還不夠貼切，爲何？

愛國商人指涉一個商人也熱愛自己國家，但這位商人除愛自己國家，也愛「五千年中國」和中華文化，並以宣揚中華文化爲己任；又愛所有中華子民，讀他的文章，幾乎篇篇提到一切財富、地位等，須以人民福澤爲前提。因而，他自力辦報，免費贈送全世界的中國人看，故也稱他「儒商」。

劉焦智會成爲今天的「樣子」，或許再去看看他的成長背景點滴，談談他父親劉開珍先生，就能理出一些因果關係，因爲他父親對他的影響是最大的。

劉開珍老先生，山西芮城西陌鎮朱陽村人，生於一九一二年農歷臘月十五日，卒於一九九一年農歷十月初九，享年八十歲。

劉老先生有子女六人，兩女四男。大女根當，一九六〇年時因生活困難，嫁給麻峪村的有田產人家；二女堯堯嫁在本村。四個兒子：焦智、智強、智民、智勇，各已成家立業，且各有建樹。劉焦智身爲長子，受父親影響也最大，他在「風雨滄桑」一書這樣寫父親：

> 劉老先生一生勤勞儉樸，為人正派，辦事公道；廣仁博愛，教子有方。在那貧窮的歲月裡，他用不屈的脊梁，為家庭遮風擋雨，為兒女哺食，為鄉親廣做善事，為社會創造價值；他剛直不阿，辦事公道的人品，至今留給子孫後代的是一筆寶貴的精神財富。這種精神，鼓舞著他的兒女們拼博人生叱咤商海，奉獻社會，各有建樹。

在「風雨滄桑」這書裡（我看的是連載），劉焦智寫了很多他父親看似平常卻不平凡的生活，該書再版多次，可惜沒有在台灣流通，很是可惜。通常兒女所想到的，所能記憶的，絕大多數是父母的財產（這方面我較從法家韓非思想），極少極少記得上一代的「精神財富」，人品影響所產生的價值。劉焦智是極少中的例外，他發表的文章不知有幾十、幾百篇，不斷論述著「承先祖之德、遂後輩之願」意涵，表示他承續了父親的仁德俠義，並傳承再發揚光大。

在「風雨滄桑」另一段（連載七），提到他父親和一位成份受歧視、年齡又小廿七歲的朱陽村人張英賢，親如父子，使悲觀厭世的年青人得到新生，類似的例子不少，劉焦智如此描述：

> 同情弱者，接近弱者，幫助弱者，讓受欺厭者得到溫暖、得到關懷，是劉開珍骨子裡浸透的本性。這種本性是他留給後人唯一的，卻是最珍貴的精神財富，這種精神財富，成了他的兒女們取得物質財富唯一的源泉，唯只有這種源泉，才是取之不盡、用之不竭的。

台灣有句俗話「吃果子拜樹頭」，意指叫人不要忘本，但這麼智慧的語言，在台灣已被政客喊爛了，已無人在實踐了，看劉焦智念念不忘的，都是父祖之德，他回憶一件有趣的往事（鳳梅人總三十期）

一九七〇年代，劉焦智和運輸店一個司機趙韓鎭到縣城人民飯店，當時汽車很少，當司機的最受人羨慕，飯店對於開車來的司機都有禮品相送，外加一碗肉絲湯。從此，劉焦智對飯店工作有興趣了，有一回他對父親說：「舅舅樊志英在飲食服務公司當總經理，你找一下他，把我工作調到那裡。」

「你不會廚師，調去能幹啥？」父親說。

「賣票收個錢總可以吧！起碼每頓飯可以喝碗肉絲湯。」

沒想到，父親臉突然一沉，大發雷霆：「咱這麼窮苦，供你讀書多年，你竟然只想喝碗肉絲湯！」

這句話像禪宗裡一記大大的「棒喝」，重重的打在頭上，心頭陣陣跳，一輩子忘不了，他悟了。假若，沒有父親這句話，劉先生也許今天真的「只有一碗肉絲湯喝」，也就沒有《鳳梅人》報了，他的故事讓我想起，我和先父也有類似情境過，一輩子忘不了，且改變了一生，也不過是一句話。

民國五十七年，一九六八年八月，我初中畢業，當時政府為執行「反攻大陸」政策，拼命鼓勵初中畢業生投考士官學校。（當時台灣的三軍兵力約五十萬人，基層須要大批士官級兵力），又有士校生穿很帥氣的服裝被派回母校，進行表演、演講及各種遊說工作。很多人受到影響，大量青年投考士官學校，當時台灣北部龍崗有第一士校，南部鳳山有第二士校，金門是第三士校。於是，我也想進士校，回家向爸爸說「想進士校」，沒想到碰到和劉焦智相同的一記「棒喝」。

老爸把臉一沉，說：「有心幹軍人爲甚麼不考陸軍官校？幹軍官，考士校，要去幹一輩子士官嗎？」

這一棒打亂了心頭思緒，約好幾位同學要一同進士校也亂了局面，但很快我清醒了，之後我進了鳳山陸軍官校預備班十三期，三年後成爲正期班的四十四期，至今我在自己的簡介上（每一本出版書的封面內頁作者介紹），都標明我一生以「黃埔人」爲榮，這是我自己的題外話，現在回到本文談主角。

劉焦智在「風雨滄桑」一書，提到父親劉開珍一生給兒子、侄兒共娶了六個媳婦，這對只有土窰、土坑、土竈台的貧困家庭，多麼不容易，許多的煎熬，劉焦智記的清清楚楚。一九七一年五月十二日劉焦智終於結婚了，但五月十五日爆發大天災，冰雹如拳頭大，田裡的小麥全遭破壞，劉家一再處於貧困。

到一九七三年元月，岳母嫌貧，逼女兒與他離婚，在調解期間竟丟下出生才八天的兒子不管，帶著女兒跑了，縣城法院的洪長順帶著劉焦智到廂峪女方娘家找人，劉抱著嬰兒卻忘了炎奶壺，嬰兒使勁哭，劉不愧是血性漢子，他咬破自己右食指，放到嬰兒嘴裡，讓孩子吸血當奶喝，他在「道德立體交叉橋」長詩第七段，曾有回顧：

五月冰雹兮，只剩下光棍和棄嬰；

兩床棉被兮，換來三瓶煉乳；
一身手藝兮，竟然不能謀生；
咬指血兮，止住了小兒的啼哭，
……

這種情境不知如何下筆形容，大概只有孟子說「天將降大任於斯人也，必先苦其心志……」是洽當的描述吧！到一九七四年三月劉焦智終於正式離婚了。此後有很長艱困的日子，都是他父親陪他走過，一九七七年七月初九，劉焦智和二弟智強同時訂親，此時家中仍窮，是父母到縣城向縣長王光華借了一百元，才辦完親事。同年臘月初九，劉焦智先辦結婚，翌年九月二十九日生下大女兒小慶。

此後，劉家似乎開始「一路發」，一九八〇年開始家俱生意，二弟、三弟、四弟相繼訂婚結婚，劉焦智開辦鳳梅五金店，二弟智強創「西陌朱陽」工程，發展壯大後改「西陌建築公司，有員工二千五百人之多，年產值約二億人民幣。智強他也是山西省人大代表，山西芮城縣委通訊員張學晉、王偉峰先生，及人民代表報記者胡芮鋒先生，以「回報社會是他的幸福」爲他定位報導。

今天劉家的事業雖還談不上全球或全國第幾大，但也算省級大事業，劉焦智四兄弟能本「羊羔跪乳、烏鴉反哺」、「扶危濟困、尊老愛幼」、「修橋補路、重教興學」的傳統美德，又積極於自力辦《鳳梅人》報，發揚傳統文化，促進兩岸文化交流。凡此，無非期盼我中華民族興盛繁榮，國家早日統一，海內外億萬中華子民甚幸！

2006年母親85壽辰　劉家弟兄敬香拜祖宗

這張照片是目前我所知，劉府最完整的家族照，刊在「鳳梅人」報，總第 39 期（2007 年 12 月 7 日），放本文後，雖不清楚，尚可略視。前排左起：三弟智民、二弟智強、姊夫哥劉民照、姊夫哥常次子、伯叔弟保甲、伯叔兄保牛、伯叔兄交春、母親、伯叔兄保林、劉焦智；後排左起（五），即是失散 35 年被三弟智民從河北邢台南宮找回來的侄子（即伯叔兄交春的三子）。

攝影地點：二弟與三弟任正副經理的西陌建築公司生活區大院

第六章　劉焦智的現代詩創作

——讀「道德立體交叉橋」長詩

我發現劉焦智這個人，除了是商人（不是普通商人，暫稱愛國商人，對錢財的態度則像春秋時代的范蠡。）多產作家、報人、江湖奇俠，他第五個鮮明的角色是詩人。

他的詩作常在台灣的葡萄園詩刊發表，如這首「人與狗，充份顯露人和狗的自然情份。這「天使」有時是一條圍巾，有時是一團炙熱的火，可用來取暖，十一月的陝西應是很冷了，有「天使」有如抱個暖爐，牠真

人與狗

劉焦智

白天，牠坐在我的肩頭
像披一條溫暖的圍巾
晚上，牠偎依在被窩裡
像一團炙熱的火

牠是我飼養多年的愛犬
我為牠取名「天使」或「熊貓」
牠確像天使般的可親
也像熊貓一樣的可愛

每天，當我為編「鳳梅人」報刊
感到困倦疲累的時候
牠就來到我的腳邊磨蹭
讓我感到溫暖與快樂

二〇〇八年十一月於陝西

詩與照片取自：葡萄園詩刊，181期，2009，春季號，第十八頁。

是「多功能狗」，還有呢！當劉焦智編《鳳梅人》報疲累時，牠可是能幫主人分憂解勞的，無形中也還算鳳梅公司成員之一，這首詩寫的平實自然。

他的另一首詩「三牛圖」，發表在葡萄園詩刊一八四期（二〇〇九冬季號），則寫的很哲學、很有禪味，又很寬廣的想像力，能做多層次解析。「三牛圖」是三合一組詩，合起來可以是一首詩，分開可以是三首詩，照抄如下：

忘祖牛／忘父　忘母　不認兄妹　任江湖自流／也曾身健　也曾風華　也曾無憂
／最終　年邁體衰地／終在了　人煙罕至的荒山或野丘／忙活了一群飛
禽啊／以飽餐了幾隻走獸

兆命牛／好大的一群牛　邊吃　邊聊　邊走／突然　伴隨著呼嘯聲　撲來了幾個
／血口張開的猛獸　可悲啊／慌亂的牛　四散的牛　各自逃命的牛／待
硝煙散去　那空曠無際的草地上／一群豺狼虎豹　撕爛了一頭倒霉的牛

自衛牛／很少的一伙牛　面對一張張獅口　卻／沒有畏懼　沒有膽怯　沒有退縮
／可喜可賀啊　那塵埃落定的戰場上／沒有半點牛血和傷痕　只有／幾
具獅屍　還有一群平靜安詳的牛

中國禪宗常以牛喻修行的境界，劉焦智的三牛圖還是禪修的三個層次，當然也能喻人生的三個不同層次領悟，忘祖牛是笨牛、壞牛又不團結的牛；逃命牛是自卑、自私又不團結的牛，以上兩種牛都是死路一條，沒有希望。第三種自衛牛是有智慧又團結的牛，因而能打敗入侵者，好好享受「牛生」。

寫的雖然是牛，實際上講的是人，是任何人，也是詩人自己的人生三階段吧！但我讀起更像近代中國的三階段，忘祖牛大約是清末，中國人忘了「我」是誰！一味西化，任人宰割，忘祖牛比豬還笨，只得成爲別的物種的口中肉，而逃命牛則像民國初年的軍閥內戰，乃至一九四九年之前的國共內戰；改革開放（或可前推到中共建國開始後），則像一隻「自衛牛」，毛澤東在天安門高喊「中國人站起來了」，這情景好像，今後中國人面對強敵，沒有畏懼、沒有膽怯、沒有退縮，子民才能平靜地生活。

但我最想介紹劉焦智的詩，是一首十二節，將近三百行的長詩，他把詩寄給我，是希望我在《華夏春秋》或其他雜誌發表，沒想到我的華夏春秋打烊了，其他詩刊也不可能有大空間可以發表，正好也收在本書，長詩主題是〈道德立體交叉稿〉，小標題「比爾蓋茲先生　與您相比　我傲爲富翁」。

道德立體交叉橋——比爾蓋茲　與你相比　我傲爲富翁

一

當今世界上，首屈一指的富翁
比爾蓋茲先生　據說
您有千億美元的資產，我呢？
書房、會客、餐廳、廁所、辦公
那五位一體、十二平米的「微型」，
還不是自己購置的房產，乃系
月結年清的「租用」。但是
可以自豪地說，
比爾先生，與您相比，我傲為富翁。

二

在一本，來自臺灣的書中，
刊載著，一個名家的考證：

追尋「中華」一詞的根源，只需
把「中」條山和「華」山拉通
我呢？有幸，出生成長在
拉通之後，那根神奇的線中；
前面，是來自昆侖的一支黃乳，
身後，是中條蒼綠的主峰；
吸進呂祖、關帝呼出的正氣，
承襲了祖始、娘娘傳給的善靈，
大禹治好了左側的惡水，
舜帝曾在右側的歷山耕種……
比爾先生，與你相比，我傲為富翁。

三

東南西北，平靈潼永，
暑夏來了，不是忙于收割，
便是進入，下一茬秋糧的下種，

但是為何：我腳下這塊不大的土地
卻異於四周：一片蔥綠，春意濃濃？
不信風水者，可真是「偉大」
閉上眼睛，有和沒有，就可以混同。
—難怪，釋迦牟尼的佛塔，
全國十七山西四，最盛名的一個
蹲在這西周芮伯封國的芮城；
—難怪，釋迦牟尼清涼的寺廟，
與我們劉家祠堂、娘娘廟一起
落腳在中條山的懷中……
比爾先生，與你相比，我傲為富翁。

四

得力于　祖傳，還有庇佑的神靈，
借助于　山水秀麗的風景，熬過了
可以葬送前程的「浩劫」

卻溫習「仁者愛人」的課程。
「出污泥而不染」，「磊落善人生」，
迎著人格金錢換官的邪風，
卻繼承了晉商精神的文明。
步入構建「和諧社會」的隊列，
保持了幾代前輩做人的本性。
自費辦報，夜半筆耕，承負著
沉重的壓迫：「物欲橫流」，卻
閑庭信步，順手又輕鬆。來自
臺灣文化界的名人，用強音
聲援了扶正袪邪的戰爭：
「鳥栖林，一枝足夠」，
「鼠飲河，盡腹而用」。
比爾先生，與你相比，我傲為富翁。

五

不相識的，原《人民日報》高編，
韓鐘昆先生，七十四歲的高齡，不僅
多次給小報撰稿，更有，
情真意切、催人淚下的心聲：
一篇〈致鳳梅人〉的詩詞，親筆信
觸及了黃河兒女的心靈：「每月」
「文字幾萬，親自撰寫、編印發行，
過分疲勞、注意身體、負擔太重……」；
又有，來自海峽東岸，
祖國寶島，臺灣的臺中，
出版社長、總編，七十七歲的賢士秦岳，
未見一面，卻送來萬噸的親情：
「您自費辦報，對國家、對文化赤誠，
為了可久可長，應該，按成本徵訂」；

省報元老，駱士正先生的肯定：
「正義不阿世，大德能下人，
不為五斗米折腰，難能，……」；
藥王孫思邈七十二代傳人，仲才先生，
八十二歲，德高望重，看了我的小報，
給關門弟子雨農，打來了長途：
「要讓他健康：寫文、編報的先生。」
比爾先生，與你相比，我傲為富翁。

六

同祠囤滿的「奇玉」，發出了感慨：
「焦智，我們朱陽人的驕傲」，
完小時期的石玉生老師立即接口：
「別忘了，我的學生」；本縣劉原
一個薛姓九綱的老農：「對邪惡」
「您把握著一支巨筆，力度非常，

有良知之人，難抑喝彩之情！」
更有，老天津知青，趙氏國慶，
「心曠神怡」的品評：
「0.43平米，弘揚儒學，和諧之道，
傳世以厚德，更應當今之風……」；
山西芮城驕子，世界一流畫家宏志，
壯士，從武聖關公故里走來，拜文聖
到濟南曲阜，作了孔子的學生。
為完成世界之冠：〈長城萬里圖〉
徒步七千里，歷時十七個秋冬；
平面的宣紙上，卻立體了：
—633.6米的「志宏」
偉大=真誠：——聽到我的鄉音，
「茅臺名酒」，一口氣開啓了兩瓶。
比爾先生，與你相比，我傲為富翁。

七

去年暑夏，陪母親，去了一趟
本縣旅游景點：一個有水的峪中；
重摸了，那一塊塊熟悉的石，
重穿了，那一條條用羊腸纏繞的峰。
「重」，也是「重生」：天地給我的強體
熬垮了食人血肉的嚴冬；
一九七六年的水峪啊！我的印象裏，
春從這裏來，冰從這裏融。
那人妖顛倒的歲月啊！是中華民族
五千年難遇一次的傷痛：
妲己再世兮，十億人陷入了苦海，
惡龍作亂兮，吞噬了
唐山漯河，百萬無故的生靈；
十年人禍兮，劫去了報國的學業，

五月冰雹兮，只剩下光棍和棄嬰；
兩床棉被兮，換來三瓶煉乳；
一身手藝兮，竟然不能謀生；
咬指血兮，止住了小兒的啼哭，
裝卸汗兮，滲潤著堅韌的筆鋒；
拖著累病的體，懷著杞人的心，
流落鄭州街頭，死裏去尋生。
六十三歲的慈父，血氣方剛的兒，
相抱痛哭，就在這中原的古城！
天災兮！人禍兮！
邪風兮！惡浪兮！
人言恥兮！我謂榮兮！
親人痛兮！仇人恨兮！
作人難兮！作狗易兮！
——手上這支筆，卻始終沒有停。

伴著評《水滸》的風，進山凹
做了水峪磷礦的木工。這裏
有憨厚樸實的村民，住著
與百姓一個小院的窯洞。舊地重游
沒有夾帶任何的欺詐和圖謀，
只有：人類的良知和真誠。
當英的媽，與我們娘倆聊到了日落，
是二十五年前的親情；當存與妻，
去山上摘了一筐青皮的核桃，
融融的興致，來自久別的重逢；
老友海林的兒，那時的孩童，而今
成了強國富民、旅游開發的先鋒……。
比爾先生，與你相比，我傲為富翁。

八

去了豫、魯、京、冀，來去只有五日，

六歲小孫少澤，放學回來，
偎依在我的懷中，不言不語，小手
在我胡茬加皺紋的臉上，不停地蠕動，
「這幾天，想肯德基了？還是冰淇淋？」
「不，想您了，作了一個見面的夢……」
兩弟家住著的老母，在被窩吃著
我北徵帶回的平遙牛肉，還有
山東章丘的脆蔥，她慢慢咀嚼
若有所思，卻不吱聲……
——離家前，見娘一面，我明白
只要徵戰，就有，不能生還的可能。
「到哪裏去？」連問了幾次，我啊我
只能答非所問地應酬，因為
不敢給她實話，卻也不能瞞哄。此刻
她品嚐享譽中外的美味，眼神裏

分明有，不願張口的別情：卸下了
「兒出門，母擔憂」的重負，還有
——幾乎，夜夜不空的惡夢；
見到兒的香甜呀，對老人來說
與山珍海味相比，味更美、更濃。
不然，為什麼？〈常回家看看〉這歌
唱了十多年，還一直地火紅？
比爾先生，與你相比，我傲為富翁。

九

車上吃住的兩個晝夜，
家裏的饃、就榨菜，更有
美極了的：濰坊蘿卜，山東大蔥
晚上七時三刻，終於回到了「微型」。
只敢看家人一眼，立即插翅，
飛奔在回歸故鄉的行程。——今天

十月初一，先祖及後輩沒人的鄉鄰，
要回村子裏：取棉衣過冬。
五個小時前，從平遙南下，因為這
坐在飛馳的車上，老淚縱橫；也有
在外受人欺傷、任人宰割的傷痛
比爾先生，與你相比，我傲為富翁。

十

儘管，工作學習，在
十二平米的「微型」；儘管
沒有「廣廈千萬間」恢復了
上海一百年前的馬桶；儘管，
兩月前，臺灣的秦老師，曾經
忍了蹲下難起的苦衷，
但是，我還要說，我傲為富翁：
微室的屋架上，定居了幾隻白鴿；

微室玻璃窗上，蠕動著一窗蜜蜂；
十二屬相領班：鼠，與我和平相處，
在微室無憂無慮地跑動。這便是
為什麼，身在苦中，卻傲為富翁：
　擺脫了，名利對我的困擾，
　得到了：天人合一的心境。
手段技巧計，只能帶來暫時的利益，
仁智禮義信，可以奠基內心的真誠。
暫時利益，當然不能持久，
　毫無疑義，是自己，是後代：
　漫無邊際的橫禍或傷痛；
內心真誠，無私自然無畏，
　順理成章，給全家，給天下，
　帶來永恆的福澤和太平。
比爾先生，與你相比，我傲為富翁。

十一

頭北腳南，睡在十二平米的微型，
中條山作枕，借母親河的波浪聲甜夢：
動雙腿，兩座橋，伸向了南岸，
舉胳膊，再續橋，越過了一重重山峰。
左腿右臂，連接了靈寶和永濟，
右腿左臂，接通了潼關和運城；
—兩橋交叉點，就在
我的心臟，我的前胸。
　車輛過橋，互通了有無，
　百姓流動，增加了友情；
仰視著那一幅幅幸福的笑臉，
我盡情地享受，辛勤勞動的收成。
比爾先生，與你相比，我傲為富翁。

十二

左顧，看到了小泉一郎對戰犯的參拜，
右盼，聽見了來自中東的炮聲。
沒有仁德，永遠是名利膝下的奴僕，
回歸孔孟，也就沒有了恐怖和戰爭。
左腿右臂伸展，連接了歐洲和惠靈，
右腿左臂用力，飛架在非美的上空。
——兩橋交叉點，就在
我的心臟，我的前胸。
　萬噸車從橋上過往，全球成了一家
　七十億人經橋上祭孔，世界從此大同。
　各種膚色的人，手拉手，在橋上聯歡，
　每個人，都得到了：福壽和康寧。
孔子曰：己所不欲，勿施與人，
主席說：換位思考，以人為本；

只有首先明白：己與人一樣，
自然也就理解：別人與己同。
步步為人著想，天道就在其中；
時時憂國憂民，感化天地神靈；
百姓不能平安，哪來個人功名？
沒有善始，哪有善終？
比爾先生，與你相比，我傲為富翁。
……

戊年十月初一腹稿於太原——芮城途中
戊年十月四日丑時、寅時、卯時
戊年十月六日丑時、寅時、卯時
鳳梅公司微型辦公室

賞讀劉焦智這首長詩，自然、口語、豐富而一氣暢通。按我手上資料看，他大約是初中畢業程度（待詳查），為何能寫出這樣的詩，只能說是「天成」，是一位「素人詩人」吧！

在第一節先點出主題，把世界首富比爾蓋茲的財富，拿來和自己十二平方米的「微型辦公室」比，他自豪說，比那位世界首富更傲為富翁，原因何在？後面十一節慢慢道來。

第二節瞬間把自己等同中華民族，怪怪，好大的口氣，他吸進呂祖、關帝呼出的正氣，承襲了祖始、娘娘傳給的善靈。又在中條山和華山之間長大，與大禹、舜帝同在，比爾蓋茲怎能比，老劉傲為富翁。

第三節拿中華大地來比，一片蔥綠，春意濃濃，全國十七座釋迦牟尼佛塔，山西有四（吾未統計也），其中一座正與劉家祠堂同在中條山，比爾蓋茲那有這等福份？

第四節詩人說得力於祖先神靈，其實是中華列祖列宗的文化文明，使他「仁者愛人」，能「出於泥而不染」，承接晉商精神。現在又趕上「和諧社會」隊伍，故能自力辦報，為文化傳承盡一分力量，比爾有這顆心嗎？

第五節詩人得道多助，獲得許多人的精神鼓舞，包含原人民日報編輯韓鐘昆、台灣詩人秦岳、省報元老駱士正、藥王傳人仲才先生等。眾人肯定老劉對國家民族的熱愛，對文化的赤誠，比爾蓋茲有這種「正義情操」嗎？

第六節講芮城一個畫家叫宏志，完成六百多米的〈長城萬里圖〉，這確實是世界壯

爲此他開兩瓶茅台祝賀，這節在結構安排上有些雜亂，主旨不夠明顯。

第七節詩人回顧一九七六年的一災難，「妲己再世兮，十億人陷入苦海，惡龍作亂兮，吞噬了。唐山漯河，百萬無故生靈；十年人禍兮……」中國近百餘年來，真是一場接一場的災難啊！說不完，數不清，但詩人和許多人都熬下來了，現在成了強國富民，經濟發展的先峰，與比爾相比，傲爲富翁。

第八節詩人拿來比的是親情。劉焦智的家庭氣氛溫馨，屬於中國傳統家族的結構關係，家族結構是中華民族維繫團結的最重要元素，也是傳統倫理道德得以維繫的原因。但西方社會因個人主義和資本主義盛行，家族和家庭已是「半瓦解」狀態，比爾蓋茲錢再多，但這種家族親情和倫理氣氛，他感受不到，甚是「貧窮」的。

第九節詩人在外流浪了兩個晝夜，吃住在車上，這是很辛苦的，回到家有凱旋班師的激動，爲甚麼說比首富更富有呢？因爲是一種滿足感。詩人覺得夠了，滿足了，而比爾蓋茲覺得還不夠，還不滿足！

第十節詩人直指我們比那世界首富更富有的核心思維，不在比錢多，就個人言，擺脫名利困擾，得到了天人合一的心境，這是千億財產不能比的。就宏觀思維言，我們的社會把仁義禮智信的傳統文化保存下來，是永恆的福澤和太平，相較於這些，比爾蓋茲

（含整個西方資本主義社會總財富）比我們窮多了。

第十一節詩人又回到自身，以天人合一的豪氣，頭枕中條山，借母親河的歌聲入夢，左腿右臂連接靈寶和永濟，右腿左臂接通潼關和運城，自己的心臟與四海天下相連接了，詩人「盡情地享受」這種財富，比爾蓋茲絕對沒有這種財富。

第十二節詩人做個結尾，指出這個世界之所以戰爭不斷，就是因爲人們失去仁德之心。（註：我再深入詮釋之，乃因西方民主政治與資本主義社會，其理論基礎完全建基於進化論，這等於把「人」降低成爲一種單純的「生物」，與其他生物無異，只在競爭中求生存，不可能有仁義之心，乃西方社會之本質也。）詩人要大家回歸孔孟：

孔子曰：己所不欲，勿施於人。
主席說：換位思考，以人為本。
只有首先明白：己與人一樣。
自然也就理解，別人與己同。
步步為人看想，天道就在其中；
時時憂國憂民，感化天地神靈；
百姓不能平安，哪來個人功名。

沒有善始，哪有善終？

比爾生生，與您相比，我傲為富翁。

劉焦智這首長詩，其實沒有佈局，沒有刻意經營，完全心之所想，筆之於書，他的思想便自然的呈現。這種純真是身爲一個詩人最可貴之處，古來對詩人作品的評價，以「真誠」二字爲首要，而不在他的作品「像不像一首詩」，由此論老劉的詩品，詩如其人，是個當代值得受人敬重的詩人。

若再從詩藝角度讀，也許很多學院派或大師級詩人，一定質疑「這也叫新詩嗎？」讓我想起大約三十年前，台灣南部有一位素人畫家叫「洪通」，從未上課美術學校或有老師指導。只按自己直覺完成大量作品，當時美軍在台協會的新聞處爲洪通辦畫展，小小一幅畫，價格漲到十多萬元台幣，許多苦學多年而名師指導的畫家吃味到要「撞牆」，但事實放在眼前，不能否認！也得承認有些人，有些事真的「生來就會」。

讀劉焦智的這首長詩就是這樣的感覺，有些地方雖有散文化現象，如第一節「當今世界上，首屈一指的富翁／比爾蓋茲犺生……」，但這節安排成一個「餌」，「比爾先生，與您相比，我傲爲富翁」，誘引讀者進入他的世界，這是一著高明的「戰略」。他開始說他的富有，許多詩意濃厚，意象明亮，展現詩人的藝術水平：

吸進呂祖、關帝呼出的正氣／承襲了祖始、娘娘傳給的善靈（第二節）
難怪，釋迦牟尼的佛塔／全國十七山西四，最盛名的一個／蹲在這西周芮城……
（第三節）
見到兒的香甜呀，對老人來說／與山珍海味比，味更美、更濃／不然，為甚麼「常
回家看看」這歌／唱了十多年，還一直地火紅（第八節）

類似這樣在句法上採用「對比」、「有無」，便將對手比下去。比爾先生確實沒有吸過「關帝呼出的正氣」，錢再多也比不過一股正氣，而且人的富有，金錢多少也不是「唯一的標準」，正氣、佛法和親情更是。

放眼當代全球，大概無人敢於和比爾蓋茲富有，因爲下場一定慘敗的要去「跳海跳樓」。確有一人敢，他是一個小老百姓劉焦智，這不是比勇，而是創意，題目就很有創意，如李白的「白髮三千丈」，明明是不可能的，白髮三千丈要怎麼洗頭？自己不可能料理，那家洗髮店會接這種「業務」？光是洗髮精也要造成河流大污染吧！還有「白髮三千丈要留多少年？百年、二百年或三百年……無限個問題，就是無限個想像空間，無限的創意。

讓我把題意、詩意都「破解」吧！原來劉焦智是以五千年中華民族文化和世界首富

比，首富錢多，定有一個「限量」千億或二千億吧！但中國民族自炎黃以來的幾千年，留下的一切有形和無形資產，是個無限啊！

也許有人質疑，五千年資產又不是你的，你不過擁有一個小公司！一個小老闆嘛！這是沒有氣魄、沒有大歷史觀、沒有境界的人的看法。我常有一句語不驚人的話，「我是中國人，中國是我的；我是台灣人，台灣也是我的。」在台灣我敬仰的一位前輩詩人、民族文學的良心高準先生有一名言：「我是中國人，中國是我的，我從來不承認任何人有權阻止我走遍全中國。」（語意）有此氣魄，雖一介布衣，也富可敵國，這種道理孔子、佛陀和耶蘇都講過。

在台灣有四位「貧道」（星雲、惟覺、證嚴、聖嚴四位高僧），他們確是「貧道」，身無分文，個人財產絕不比劉焦智或筆者多，或根本沒有（佛光山規定不得有私產）。但，誰都不否認，他們富可敵國，這是佛法的力量，是一種道德和文化的力量，是無我奉獻的力量，是四維八德的力量。只有這種力量能聚沙成塔，聚成大財富，做春秋大事業，做有益全人類的事，劉焦智正在做這種事，他的這首長詩這麼說的。

最後我也針對這首長詩再做「補註」，書中出現很多中國地理名詞，如中條山、華山、鄭州等，凡讀過我國地理都有印象，也不難查知；歷史人物名詞也好查。惟在第二節有一神名叫「娘娘」，我想很久不知是那位娘娘！因爲中國歷史的人和神名，叫娘娘的很多（如台灣有註生娘娘，大陸可能也有。）但後來我從劉焦智先生成長背景的地緣關係，終於讓我「破解」（應無誤），他詩中這位「娘娘」應是「女媧娘娘」，也就是「驪山老母」，爲何？

驪山在那裡？從劉焦智在芮城的家門口向西走，過風陵渡、潼關、華山，就到驪山，在陝西臨潼縣境內，還算西安近郊，距芮城應在百公里內，如台北到新竹地區，「女媧娘娘」的廟就在這裡，稱「驪山老母殿」。

這位娘娘和中華文化有何關係？爲何她的「善靈」價值超過比爾蓋茲。原來在中國古神譜中，女媧是中華民族的創世、始祖和保護神，後世子民感念他慈惠蒼生的恩德，在她駐處（驪山）修了廟宇紀祠之。

女禍娘娘「驪山老母殿」，始建於唐代宗豫廣德元年（七六三年），廟中有個老母尊，老母乃先天女神，應天地之靈氣化胎成人，爲「女媧氏」。在驪山一帶繁衍人類，最初她「摶黃土造人」，這可能與後來「黃河」、黃土高原和黃種人有關，「驪山黃種人」造出後，東土於焉成立，人民開始在驪山一帶繁衍，漸漸向四周發展。

至上古時代發生人類創出後的第一場戰爭，諸侯共工氏與祝融大戰，共工戰敗，一怒而觸倒西北方的一根天柱，轟轟巨響，天向西北傾斜，地向西南塌陷。洪水滔天，毒蛇猛獸到處傷人，日月失去了光輝，世界一片混亂，這可能是人類最早的浩劫吧！

女媧娘娘於是「煉石補天」，她燒煉五色石，製成石餅，一張張石餅補住塌陷的天空；又斬下東海大烏龜的四隻巨腳，作爲柱子頂住蒼天，使天不致傾斜。（爲救人救世，只好犧牲了大烏龜）女媧又殺了危害人類的黑龍，趕走食人的毒蛇猛獸，燒蘆草成灰，煮住洶湧的洪水，於是地平天成。膾炙人口的故事說的「鍊五色石以補天，斷鰲足以立四極，殺黑龍以濟冀州，聚蘆灰以止滔水」，正是娘娘創世的豐功偉業。

娘娘爲進一步使她所創造的「黃種人」，有文化有文明，並能永遠生存下去，她教男女合婚，訂定嫁聚之禮，「創建婚姻制度」。又「始作笙簧」，教人用音樂陶冶性情，用動人的聲音傳達愛意，吹笙簧求愛，這種風俗流傳至今。所以，娘娘也算是中華民族文化文明之始祖了。

中國道家也尊「驪山老母」爲至高無尙的女神，老母爲上古之女帝，無極大慈尊；她生化萬物，創造人類，乃全人類之母。

再者，驪山老母亦有無上法力，傳先天大法，授下「陰符經」平定動亂，護國佑民，每逢應劫轉道運，扶持正義，大顯威靈；傳八寶「孝悌忠信禮義廉恥」，佈道於天下，規範人們的行爲。進而指導人們修行，淨化人的心性，爲人療心破除煩惱，去心中魔以堅定修行，功德浩大，是所有炎黃子孫尊崇的女神。在台灣、大陸乃至別處，有中國人的地方必有「女媧娘娘」的廟宇。在西安近郊臨潼縣的「驪山老母殿」，正殿門楣對聯曰：

彌天濟世功于日月增輝

劈地衍人恩同泰山共重

這正是炎黃子民對這位共同的「老母」，感戴尊敬的最佳寫照。而劉焦智正好生長在這驪山──華山──中條山一線上，我相信他小時候乃至青少年後，這帶應是他常去的地方，對他的心性、思想是有影響的。

若要把他這首長詩全都清楚註解，可能要寫一部二十萬言的註書，因爲這首長詩可以看成他個人成長的史詩，也是中華民族古今史詩。所以囉!讀者就慢慢的讀吧!

第七章　在鳳梅公司召開「兩岸中華文化與孔孟倫理道德研討會」

劉焦智以一個民間商人的身份，爲發揚中華傳統文化、復興傳統倫理道德與儒家思想，而貢獻其心力、財力和物力，在我所發現他的各種角色（報人、作家、詩人、商人、俠者）外，「素人教育家」的角色也是鮮明的。

這並非我刻意突出我作品中的主角人物，或作者老王賣瓜。這只要多看幾份《鳳梅人》報便有相同感覺，或讀他有關道德教育（略論、再論、三論）的三篇文章，也和我有相同感受。

即要復興儒家思想，對孔子當然是敬仰的，每期的《鳳梅人》報都大量刊載儒家經典注釋、講解等。每年的孔子誕辰抓住機會辦活動更是不能少，劉先生利用他在果菜市場內的「微型辦公室」，幹下許多感動歷代祖先的大事業，這回幹的是二〇〇六年九月孔子誕辰時，就在自己公司辦「海峽兩岸中華傳統文化、孔孟倫理道德研討會」。

這一年，適逢孔子二千五百五十七歲誕辰，在中華民族的發祥地，古稱「中國」的晉南，由劉焦智策劃下，海峽兩岸炎黃子孫聚集一堂。許多人雖從未謀面，但你誠我懇，親如兄弟；雖相隔萬里，但同一心志，爲傳承和發揚中華文化，爲兩岸文化交流，爲促成未來的統一，盡一分心力，研討會的時間是九月二十二日上午十點開始，這個小小的盛會，涵富了崇高的意義。

參與這項兩岸「微型」文化交流研討會人士，按《鳳梅人》總第二十九期（二〇〇六年十月廿三日）報導，有台灣《海鷗》詩刊社社長秦岳先生（河南修武）、台灣「中華美術」雜誌社執行總編王天國夫婦（山東威海）專程前來，當地有《山西日報》社元老、現任山西省誠信促進會副會長駱士正先生（山西芮城）、《鳳梅人》總編劉焦智。是會也引起芮城縣人民政府高度重視，縣常委、宣傳部長餘妙珍，副部長、《芮城新聞》總編薛萬合，文物局局長段戰莊等，都來觀禮並暢談兩岸文化交流事宜。

到會的各界人士中，還有劉焦智的完小老師石玉生、初中母校校長陰中哲、教導主任郭建民、班主任老師黨庶民。還有芮城教育界元老喬木柴、範鴻斌；另有退休幹部趙世杰、友人趙國慶、朱璋煜、尙立民；及鄉親劉滿囤、劉號強、燕凱民、劉保牛、劉潤天；劉焦智的同學張金旭、劉增占、劉啓旺、劉育祥、燕管亭；及當地裝潢設計師劉會斌、曹建明等。

報導中提到台灣《葡萄園》詩刊榮譽社長文曉村先生，原先計畫要來，臨時因病不能到。審視上面那份名單，確實是夠「微型」了，這當然不能和政府機構或一般大學所辦研討會相比，不論其實質意義如何！最重大的意義還在一個民間社會的小人物，願意承擔如此重大的「千秋大業」，對當地的人，乃至兩岸子民，是具有極大的教育意義的。因爲這種使命感，《鳳梅人》報總是大量報導孔孟相關作品和活動。事實上，這些也是中國大陸改革開放以來，在復興中華文化所做努力的實況，從而也帶動全世界的「儒家熱」，現在世界各國有數不盡的「孔子學院」，企圖用儒家人文思想挽救西方世界的沈淪。

是故，現在每年的孔子誕辰，不僅大陸有大型祭孔活動，世界各地都有孔子的「粉絲」。韓國人甚至想「竊佔」孔老，說「孔子是韓國人」（真是千古第一大笑話）。《鳳梅人》報導二〇〇五年全球祭孔盛況，見該報總第三十期（二〇〇六年十二月二十二日），作者識淺「全球祭孔」一文。

二〇〇五年九月廿八日，全球三十四個國家和地區同時聯合祭孔。在中國的上海嘉定、浙江衢州、雲南建水、如肅武威、香港、台灣等國內各孔廟，各設分祭點（主祭場在山東曲阜孔子故鄉）；在韓國首爾、日本足利、新加坡韮菜芭、美國舊金山、德國科隆等，凡有華人（或外國人）地區的孔廟，設國際點進行祭孔大典。

在山東曲阜的主祭場，古樂悠悠，旌旗飄揚，斜風細雨中，萬刃牆下，有二千五百五十六名佩帶杏黃綬帶的祭孔代表，正在準備進場。八時整，論語大鐘穿越二千五百五十六年時空，咚然敲響醒世之音，祭孔音樂悠然高奏。

大典開始了！身著明代服裝的祭孔隊從萬刃宮牆東西兩掖門出，從北向南漸進，司禮官宣佈：「曲阜明故城，現在開城。」

金聲玉振中，二千五百五十六人的祭孔隊伍（含孔、顏、曾、孟四亞聖後人、聯合國教科文組織代表、國際友人等）。由「德牟天地」、「道冠古今」兩坊，進入聖時門前，「千年禮樂歸東魯，萬古衣冠拜素王」鳴鐘三響，孔廟正門聖時門徐徐開啓。公祭隊伍依次經過聖時門、弘道門、大中門、同文門等各門，主祭官走中門中道，與公祭隊伍共同來到威嚴的大成殿前。

這大成殿乃孔廟主殿，建築宏偉，共九楹，中祀孔子像，東西兩側廂房的走廊上，懸掛著杏黃色燈籠七十二祇，代表孔子七十二賢弟子。

此刻，主祭官高呼：啓戶，悠悠古樂再次響起，大成殿的殿廡諸門同時打開，庭燎，門戶吊燈突然燃起，接著主祭官鳴贊高呼：「二〇〇五年全球聯合祭孔曲阜孔廟祭孔大典現在開始」，這時古樂響起，八十人手持書折，合唱「詩經．商頌」篇：

嗟嗟烈祖，有秩斯祜。申錫無疆，及爾斯所。既載清酤，賚我思成。亦有和羹，既戒既平。假無言聲，時靡有爭。綏我眉壽，黃考無疆。約車氏錯衡，八鸞鶬鶬。以假以享，受命溥將。自天降康，豐年穰穰。來假來饗，降福無疆。顧予蒸嘗，湯孫之將。

這是祭孔大典的序曲，全部過程可讀識淺先生在《鳳梅人》報那篇長文。事實上，我亦有「中國即將完成統一」論文，先刊在《華夏春秋》創刊號，再於《鳳梅人》報「二吃」，最後收錄在《頓悟學習》一書（文史哲，二〇〇七年十二月），進行「一魚三吃」的宣教效果。該文亦提論未來中國強大不會發展成帝國主義，侵略別國，此在中國歷史是沒有的，中國之成大國，乃天然地緣關係形成的各民族融合，而非擴張侵略別國而來。

本文所要論述重點，乃在提醒所有中國人，正當吾國崛起壯大之際，傳統倫理道德文化，尤其孔門的儒家思想，是中華文化的核心價值。小小一個劉焦智小老百姓，開一個小小的五金店，竟能對宣揚文化如此的犧牲奉獻，出錢出力。我不好用「偉大」形容，但這種使命感是了不起的，他出一期《鳳梅人》報印一萬多份，可能要幾千人民幣，當初我辦《華夏春秋》每期印一千五百本，含寄費要六萬新台幣。

但我《華夏春秋》只發行六期，劉焦智的鳳梅人竟已四十多期了。他的精神深值贊揚、支持，也是我對他這個人有興趣的地方，因爲他與我有相同的使命感。

劉焦智，至今（二〇一〇年元月）我們未曾謀面，寫過幾封信吧！相互敬仰，可謂「心連心」了。這輩子能有這種朋友，也算人生的一種滿足。

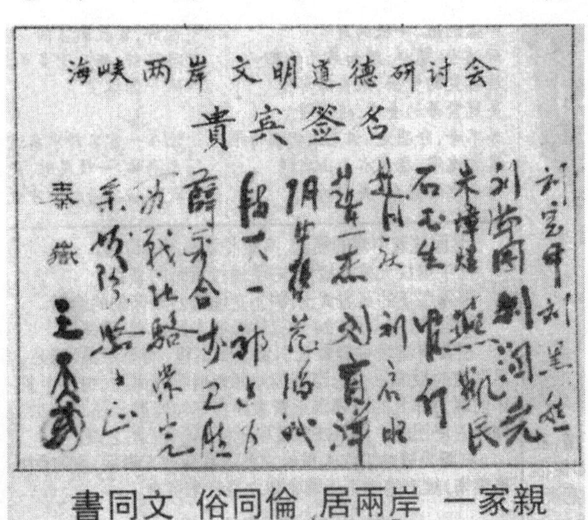

第二篇　劉焦智《鳳梅人》報功能之研究

△從一些書信往來看我們在搞甚麼？

△從《鳳梅人》報上的幾封信説起——國共再合作與國家統一之平台。

△《鳳梅人》平台上的書法交流。

△《鳳梅人》報上的台灣詩刊雜誌書籍交流。

△《鳳梅人》報上的台灣詩人作品賞讀。

△文以載道：《鳳梅人》報上的反貪倒扁詩。

第八章　從一些書信往來看我們在搞甚麼？

我大約在四十多歲後，才搞清楚「物以類聚」的道理。當然，在那之前或更年青時，就在物以類聚中過活，甚麼人必定和甚麼人成爲「一掛的」，只是當年不知所以然吧！人生活過了幾十年，台澎金馬、海南省、三清山、黃山、就是台灣本島也跑遍，雪山，大霸、玉山……不知走過多少江山河海。發現，大多植物的生長也還是物以類聚，其他生物亦然，於是同類植物會成林，甚至成大森林，同種動物則成群結隊。

相同的原理，在「鳳梅報」平台上也有一群人相聚，是以思想、信念相聚，一般稱之「志同道合」。我便想從「鳳梅人家族」的一些信件往來，看看這些「物以類聚」者都在搞些甚麼事？

讀楊天泰和薛九綱給劉焦智的信，原來《鳳梅人》報的前身叫「天生我才」報，從總第二十七期（二〇〇六年八月七日）才改《鳳梅人》報。這位楊天泰的信說到：

劉總蹇鑒:

您好！忙的很吧？

我四月二十八號傍晚，從同窗學友楊樂富先生家裏借到他為我推薦的、由他的女兒楊桂蘭女士(縣紀委幹部)拿回家的《天生我才》創刊號一張。

我第二天起床後，展開報紙看，僅從殷教授創刊前言的大標題《天生我才必有用，國治而後天下平》和他本人照片下的"殷 老師在'中華大講堂'講《大學》，"以及劉總《尋根復孔心似箭》的詩文標題來看，已經可以肯定《天生我才》的特邀社長和總編，都是尊孔崇儒的名流學者。再看報紙上端和中間的空隙處，還登了《論語》上的六章原文，并且加以注釋。更加清楚地證實了這一點。

當我進一步從創刊前言中看到了辦報宗旨和長期規劃，以及殷本立先生在《為人知道天地寬，德生化育人心安——為〈天生我才〉吶喊》一文中，他對劉總的感受："打造誠信中國、構建和諧社會、走向大同世界的又一支'星星之火'。"使我深深地感受到：劉總有"弘揚儒學，促進和諧"的凌霄壯志，實在令人欽佩！

上述所言，衹是我個人的初步感受。為了更進一步地了解殷教授和劉總編，我希望能看到劉總的更多妙文與大作。并通過劉總，能看到殷教授的宏篇巨著，如他在"中華大講堂"所講的《大學》全文。同時也為了使殷教授和劉總編能了解我。我想在徵得劉總同意後，能登門拜訪，并面呈拙著《四書集錦》和《一生兩世》的第一部分(一)《坎坷的歷程》打印稿。并希望與劉總成為忘年之交（因為我比你大二十歲。——如果劉總不嫌棄，不認為我是攀高枝的話）。

特此致函，并表敬意！

楊天泰 謹啓

二00六年四月二十日

即丙戌年四月初三日

通信地址：芮城縣永樂鎮原村上巷(後崖上)

電話：0359——3470094

郵編：044603

總第26期．丙戌夏至農曆5.26，公歷6.21.

焦智先生：

您好！早會"機辦"拜會之後，迄今幾個月未攪擾君容，實有仰顧之意。我是年至七旬且靠勞務莊稼為生者，日常由地返家，多處疲憊狀態，故把與君面敘片刻一事，竟然無意間日覆挪後。對不起！約半月之前，張世平老師親自送交的十份報紙，我已一一的情予以發放。坦白地說，對這些慈善義刊實物，當我接到手上時感到其分量很重，它凝聚着您的心血和財力，集結着你們劉氏弟兄們的厚德，所以，在發放時我格外的得多掂量幾下。此文化珍品決非廣告，誰要從我手上接到一份貴報，他的人格形象還得在我的腦子裏至少轉上幾圈之後，方可接得。因為，我十分地珍惜它。

另外，早春我寫給你的那個短信，衹不過是淺述了幾句對貴報的讀後感而已，沒想到先生貧貴一視同仁，竟還愧占了寶報的一席珍地，今向您表示感謝！也甚感慚愧。

前天聽西壚村的一位老齡者說，你月前給老人祝壽，搞得很隆重，可惜我知道的太晚了，沒趕上為劉老夫人恭賀。今晚寫信為老夫人附上兩句話，以表仰贊祝福之意！

致

禮

讀者：劉原村薛九綱謹致

2006年6月6日

贊

刘老夫人：

遮风挡雨

呵护三晋骄子

华夏树人

奉献世纪英才

"天生我才"读者赵

總第26期．丙戌夏至農曆五月廿六日．公歷6.21

……楊桂蘭女士（縣紀委幹部）拿回家的「天生我才」創刊號一張……他對劉總的感受：「打造誠信中國、構建和諧社會、走向大同世界的又一支星星之火」。使我深深地感受到：劉總有「弘揚儒學、促進和諧」的凌雲壯志，實在令人欽佩！

這位楊天泰也是芮城縣永樂鎮人，只不過讀了一張劉焦智的報紙，馬上就要「登門拜訪」，希望成爲忘年之交。這是甚麼力量吸引著？另一位叫薛九綱的，應也是芮城人，他形容這份報紙叫「文化珍品」：

此文化珍品絕非廣告，誰要從我手上接過一份貴報，他的人格形像還得在我腦子裡至少轉上幾圈後，方可接得。因為，我十分地珍惜它。

就是這樣，劉總的報紙，不是普通報紙，代表著一種共同的文化和血緣關係，代表著共同的思想和信念，代表著共同的「志同道合」路線，也代表著願意以各種方式支持這份報紙。脫離了這個範疇的人，絕不可能來接近這份報紙，除非另有不良圖謀！

再讀一位叫韓鐘昆先生，寫給文曉村先生的信，他從《鳳梅人》報上認識文先生的，這是二〇〇七年五月之事（詳見剪報）。韓先生首先贊揚文老的文學成就，但震撼的是文老推動兩岸文化交流的決心，「但你和秦岳以及諸多血性詩友橫刀立馬，浩然正氣，站在中央山脈和日月潭邊，以萬鈞雷鳴，發出斷喝：中華文化的臍帶，猶如滾滾東去的黃河長江，是切不斷、擋不住的！」

是啊！這條「中華文化的臍帶」，在上個世紀曾因各種緣由、被割斷了半個世紀，那已是歷史，現在到了我們手上，絕不能再斷了。我們有著共有的使命感，把中國文化復興，透過交流了解，進而完成中國的統一，這是我們這一代人神聖的使命。在台客給劉總的書上提字（如次）鮮明的標示出這種「兩岸本一家」的信念，就像葡萄園詩刊和鳳梅人報，是一對親兄弟——同一個父母，同一國人。

那位韓鐘昆先生給文老的信中，進而提問：如果沒有炎黃的血脈，沒有唐宋詩詞的靈犀，沒有喝過故鄉山間的清泉，能聽到這樣的呼喚嗎？……沒有孔孟的教誨，沒有儒釋道的熏陶，沒有五千多年的歷史，二十四史的文脈，能夠有那麼善良、那麼純真、那麼理智的人性嗎？

韓先生的旨意在說，中華文化是所有中國人的根源，是我們生生世世的珍寶啊！絕不能「去中國化」，若我們「去中國化」了，那麼，我們便甚麼也不是，成了一隻「存活的動物」，如此而已。不是嗎？所有血中流著炎黃血脈的人，汝深思之！

韓鍾昆寫給文曉村先生的信。

總第34期

寫給文先生的信

2007.7.7.

文曉村先生：

您好。

日前劉焦智總編來電話給我，讓我關注一下發表在《鳳梅人》報一版顯著位置上的你的文章──《不可吹斷的巨流──序〈江南詩旅〉》。

我看後發現，你創辦的《葡萄園》詩刊，最先刊出了《大陸詩選三十家》，揭開了大陸詩人詩評家在祖國寶島臺灣發表創作評論的第一頁；你的《葡萄園》詩刊與臺灣另外四大詩社每年編選兩岸三地的優秀詩作，出版《中國詩歌選》，已有8巨冊之多；由你的《葡萄園》詩刊發起，連續三年舉行了盛大的詩歌學術研討會；由你的《葡萄園》詩刊和詩歌學會組團，曾經到大陸的許多城市，和大陸詩友共享詩宴；更加令人震撼的是：盡管各種原因引起兩岸通信阻塞，但你和秦岳以及諸多的血性詩友橫刀立馬，浩然正氣，站在中央山脈和日月潭邊，以萬鈞雷鳴，發出斷喝：中華文化的臍帶，猶如滾滾東去的黃河長江，是切不斷、擋不住的！

劉焦智的《鳳梅人》報，以突出的位置，報道了你的自傳《從河洛到臺灣》在臺灣和大陸出版的消息。由此，我又認識了一位朋友，知道了你的身世。你今年79歲，長我4歲，是我的長兄，再過一年就該做80大壽了。你的故鄉河南偃師，與我的故鄉山西晉城相距不遠，也不過是山上山下、河南河北之分，當年都是晉冀魯豫邊區太岳區的一部分。我少年時就讀太岳區晉豫中學，就有多位老師和同學是從豫北、洛陽、開封來的，至今保持聯系。你可能是太岳軍區、陳謝大軍的部下，而我是太岳區《新華日報》的員工，如果當年認識，我們可能在太岳區首府陽城的大街上見過面。

人生多變，世時難料。朝鮮前綫發生的事情，國人都很清楚，這是任何個人都無法左右的。你和你的戰友們受盡了折磨與苦難，這也是我們這個民族的不幸。你以常人罕見的毅力，跳出苦海，像鳳凰一樣浴火重生，不僅取得了大學文憑和美國加州藝術文化學院的文學博士學位，而且成為臺灣詩壇篳路藍縷的一位闖將，著作等身，聲播華夏，讓人敬仰。你的夫人邱淑嫦也卓有建樹，成為臺灣著名的攝影藝術家。

你的大作，我無緣多讀，祇看到了《鳳梅人》報上的《九州采風十二章》，以及兩件作品，這十二章堪稱當代新詩絕句，文章簡潔，詩意盎然。形象是那樣靈秀，意境是那樣深邃。它聲聲呼喚着純真的人性，傾吐着中華赤子的人文情懷。謁洪洞大槐樹，“不必燒香，不必跪拜，就能聽到呼喚的聲音。”──試想，如果沒有炎黃的血脈，沒有唐宋詩詞的靈犀，沒有喝過故鄉山間的清泉，能夠聽到這樣的呼喚麼？到了金華，就想到世間清濁；到了龍門，就想到慈航普渡；到了酒泉，看見蝴蝶花，就想到紅高粱釀出的那麼多醇香的美酒。沒有孔孟的教誨，沒有儒釋道的熏陶，沒有五千多年的歷史、二十四史的文脈，能夠有那麼善良、那麼純真、那麼理智的人性嗎？

我特別喜歡《攀登》，喜歡《聖母峰下》，它寫出了詩人的愛憎、詩人的血性。無情、無愛、無怒、無恨，都不能為詩。這兩首詩好就好在有了詩人的個性。請看，詩中的主人“傷痕累累，血泪斑斑”，“多少次從峻峭的高處，跌向死亡的山澗”，但是，他“咬着寂寞”，“咬着驕傲與自豪”，縱然一旦把寂寞咬碎，把苦膽咬破，也絕不放弃自已的追求，絕不停止前進的腳步。詩中的主人看到，前面有死神盤踞的山洞，有女巫布設的陷阱，但是，它高視闊步，奮然前行，像中華歷代的無數個志士仁人那樣，向前！向前！絕不後退！

曉村先生，這恐怕就是你的形象吧！你是好樣的，你有一付中國血性男兒的硬骨頭！

我向你預祝八十大壽！問候嫂夫人好！

韓鍾昆

2007年5月1日

臺客，本名廖振卿，一九五一年生，臺灣省臺北縣人，國立成功大學外文系畢業。現爲《葡萄園》詩刊主編，中國詩歌藝術學會理事，曾爲中國詩歌藝術學會常務理事，《石之藝術》雜志專欄作者。

已出版詩集《星的堅持》、《石與詩的對話》、《臺客短詩選》、《見震九二一》等九部，詩論集《詩海微瀾》一部，主編《不惑之歌》等詩選集三部。詩作曾入選兩岸三地及海外之詩選集。

下面這封信是劉焦智致所有《鳳》報發放點（在下也是）的一封信，主旨就是「肩負和諧使命、不能偏離半點」。這信中堅定的表示，盡最大可能把《鳳》報分發給有緣人，尤其要優先給「非親人」，因爲親人易於和諧溝通，故須先滿足「非親人」，由此也見劉總的細心和用心。任何時候對《鳳》報有須要，劉總決不會吝嗇郵資，「因爲我夜半筆耕、又巨資印刷、還拒絕廣告收入地這樣幹、原本就是爲了和諧。」

爲了促成一個和諧社會的形成，劉總期待大家共同努力。我想，這麼多志同道合的兩岸作家詩人，願意在《鳳梅人》這個舞台上揮灑生命的光熱，也是這個共同的使命感。爲了無愧於一個「當代中國人」，無愧於一生身爲「黃埔人」，我也曾自力辦《華夏春秋》雜誌，並與劉焦智先生有書信往來（如下）。在劉先生給我的回信說到：「你痛恨並勇於討伐歪魔邪道的一身正氣和錚錚鐵骨，您傳承中華文化的執著精神，你在文與詩的字裡行間清晰可見的橫溢才華，都使我從心底裡敬服，甚至，這一個多月來，

肩負和諧使命　不能偏離半點

——致《鳳梅人》小報在海內外各發放點的一封信　鳳第36期　二00七.九.八

諸位先生：

如果某人在你家做客期間，看上了某一張或幾張《鳳梅人》，有愛不釋手的表情流露出來，請你務必滿足他(她)的要求。——如果您沒有做到，讓他怏怏不快地離去，等于扼殺了一棵和諧的幼苗；

即使您手裏祇剩最後的一張，甚至被你的親人所愛看，也應該給他。——因爲您與我有着書信或電話的往來，再要幾張并不費事，而他却沒有這一層關系；

即使您明白：給了他，您的親人不悦，還是應該給他。——因爲您對自己親人的性格了如指掌，可以不費多大事地達到和諧，有道是："親不見怪。"而那個想得到却不能如願、張開了口被人拒絕者，他心裏的疙瘩，一旦挽結，則相當難解；

——即使達不到下期報紙出版和郵寄的時間，但接到您"A期被人爭光、急需B張"的來信或電話，我不會吝嗇那幾個銅子的郵資。——因爲我夜半筆耕、又巨資印刷、還拒絕廣告收入地這樣幹，原本就是爲了和諧；

綜上所述：您的朋友爲得到小報而産生了着急，您的親人因"近水不能沒，"流露出了不樂，——這一切，才使您在信件或電話中用上了"急"字，如果我得知後還不能"急辦"，那麽，又有一個或幾個不和諧的細胞在這個星球上的天地之間催生出來。甚至，我認識得還更加深刻："如果咱當初不辦這個報，人家朋友之間、父子之間、夫妻之間，哪來這幾個細胞？"——既然責任追到了在下身上，自然就不能旁代了。

別無事。

致

禮　祝安

劉焦智

丁亥年七月初九寅時于鳳梅微型總編室

本期海內簡體版 10000 張 海外繁體版 2000 張

國立台灣大學

焦智兄大安：

謝謝你寄給我的《鳳梅人》報，我真是羨慕，我辦《華夏春秋》動機其實一樣的，祇想在祖國崛起過程上，在文化上盡些綿薄之力，但祇發行六期，就打烊，我仍會從其他方面努力。希望《鳳梅人》不斷辦下去。

最近正好在臺北辦"黃埔同學會"，正好我手上有你的鳳梅報，現場分發每人一份，感謝你。尊你上回信中所示，寄上小傳基本資料，附小詩一首。

耑此

順頌

大安

弟陳福成敬上

2007.10.3 于臺北

刊於總第38期．2007．11．8．

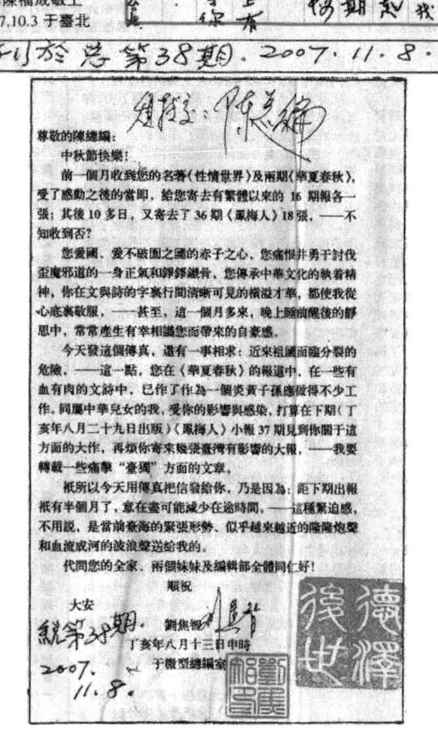

尊敬的陳總編：

中秋節快樂！

前一個月收到您的名著《性情世界》及兩期《華夏春秋》，受了感動之後的當即，給您寄去有繁體以來的 16 期報各一張；其後 10 多日，又寄去了 36 期《鳳梅人》18 張，——不知收到否？

您愛國、愛不破國之國的赤子之心，您痛恨并勇于討伐歪魔邪道的一身正氣和錚錚鐵骨、您傳承中華文化的執着精神，你在文與詩的字裏行間清晰可見的橫溢才華，都使我從心底裏敬服，——甚至，這一個月多來，晚上睡前醒後的靜思中，常常產生有幸相識您而帶來的自豪感。

今天發這個傳真，還有一事相求：近來祖國面臨分裂的危險，——這一點，您在《華夏春秋》的報道中，在一些有血有肉的文詩中，已作了作為一個炎黃子孫應做得不少工作。同屬中華兒女的我，受你的影響與感染，打算在下期（丁亥年八月二十九日出版）《鳳梅人》小報 37 期見到你關于這方面的大作，再煩你寄來幾張臺灣有影響的大報，——我要轉載一些痛擊"臺獨"方面的文章。

祇所以今天用傳真把信發給你，乃是因為：距下期出報祇有半個月了，意在盡可能減少在途時間。——這種緊迫感，不用說，是當前臺海的緊張形勢、似乎越來越近的隆隆炮聲和血流成河的波浪聲送給我的。

代問您的全家、兩個妹妹及編輯部全體同仁好！

順祝

大安

劉焦智

丁亥年八月十三日申時

于微型總編室

2007．11．8．

晚上睡前醒後的靜思中，常常產生有幸相識您而帶來的自豪感。」

劉總講的真誠真實，我確實痛恨邪魔歪道（指台獨），我受中華文化乃至文天祥、岳飛等人影響，很深很深，我確實一身正氣。在我個人名片上，更印上「以生長在台灣的中國人為榮，以黃埔人及發揚中華文化為一生志業。」這種幹勁，才會與一個未曾謀面的劉焦智成為好友，因為我們志同道合，都在「搞」中華文化。

有二位是「芮城人也是台灣人」，石臨生和任駿（字守經），這二位是劉總的同鄉，他們也常在《鳳梅人》報上有作品、書信等（如下）。

任駿，應也是軍人退伍，再轉公務員，他是「台灣芮城同鄉會」的催生和創辦者。他信中稱「劉君心懷濟世，推行文教，不遺餘力，尤以繁字體印刷，足見復興文化之苦心。」

石臨生的信有如一封家書，他也敬佩劉總匡世救人，發揚孔孟文化的精神。他在二○○七年首次到芮城東壚鄉坑南村，向雙親墳前叩祭，之後再到古城長安，專程向岐山周公廟參拜，這裡是六十二年前參加抗日到過的地方。再後，他又到渭水河畔姜太公釣魚台及五丈原孔明墓（廟）參拜。這裡有文王、武王、太公等歷代古蹟文化，這是全體中國人的共同記憶。

偏偏有那些分裂國家民族的邪魔歪道，搞甚麼「去中國化」。如此這般惡搞，那文王、武王、孔明……乃至李白、杜甫……蘇東坡……豈不都成了「外國人」。有志氣、有血性的中國人，必定會樹起春秋大義旗幟，積極反制台獨思想，宣揚中華文化，經由文化交流促成國家統一。下面這封信不是我與劉焦智的交流成績，而是如東著名詩人高保國。他的信寫的有點「于右任」，我把要點做一說明。

焦智社長臺鑒：

頃接大函及丁亥大雪、立冬發行之"鳳梅人"大報一大包，臺端費心血、花大錢辦報，為匡救世人，發揚孔孟文化不遺餘力，太叫人敬佩！

除已電話光前弟前來取報，并分寄鄉友傳閱，以光大故國固有文化，亦可解思鄉之愁！

敝孫女一個學生的作文，承蒙刊登，實在太感謝了。這對小孩子也算給予很大的鼓勵。

說起你劉家，五代同堂，英賢輩出，餘祖母亦姓劉氏，是咱河東名儒劉清渠之女，世居杏林村，亦稱劉家莊，所以你劉家原屬同系、與石家的關系是很深遠的，可見我們的關系非一般。

年歲大了，手發抖，寫的不好，盼見諒。

并祝　新年愉快　大業千秋

弟石臨生上
2007年12月28日

總編：

我稱你劉表弟好了，昨天收到你臘月初三的親筆信及重重的三大包報紙，以及光盤一個，照片二張，我首先打電話給周老弟來取報，守經兄我要親自送去，然後再將貴報分送親友及老鄉，讓其一睹為快。

非常感謝你，將我及小孫女的拙作刊登大報首頁，實在慚愧，我對歷史沒有較深入研究，文章不好，叫人見笑。不過衹是把想說的話說出來而已。

你的"小天使"實在可愛，你的相貌是正氣凜然而慈溫，先前周給我一張你的照片，今再看到好像老友重逢之感，它那桃圓樣，將會為大家帶來好運以及祥瑞！謝謝。

我前信曾說我家與劉家的關系及血緣，所以稱你表弟當不見怪吧。

另附拙文一篇及守經兄照片兩張，九年前為他過八十壽，右二是我夫婦，右三是任夫人，山東人，這張照片送給你做紀念，并介紹守經簡史給你參考。

今天正月初八，祝你

開市大吉，全家吉祥如意！

石臨生于高雄
2008年2月14日

子溫兄好：日前寄來鳳梅人月刊，藉悉吾芮人文日益鼎盛。劉君心懷濟世，推行文教，不遺餘力，尤以繁字體印刷，足見復興文化之苦心。至敬至佩。

吾兄追尋"中華"源淵，甚為詳實。令弟玉生大作，可謂血泪控訴，寓意深遠，亦文革時期之苦難者。遲未草覆，幸望見宥。元旦降臨，順祝儷安，恭賀新禧。

弟守經
民國96年12月20日

（手寫原函）

子溫兄好：日前寄來鳳梅人月刊，藉悉吾芮人文日益鼎盛，劉君心懷濟世，推行文教，不遺餘力，尤以繁字體印刷，足見復興文化之苦心，至敬至佩。

吾兄追尋"中華"源淵，甚為詳實。令弟玉生大作，可謂血淚控訴，寓意深遠，亦文革時期之苦難者。遲未草覆，幸望見宥。元旦降臨，順祝儷安，恭賀新禧

弟守經敬
96.12.20

任駿、字守經，芮城太安村人，1919年生，現年89歲，工兵學校畢業，來臺後任公務員、為臺灣芮城同鄉會的真正創辦人及催生者，現住高雄市，精神很好。

老劉研究：您好！

遲覆為歉！近以個人工作調動較忙，您的來函收到很久，很抱歉，未及覆示。首先感謝您對我社關心和支持。

[illegible]！[illegible]多多[illegible]！[illegible]！[illegible]！

[illegible]，我想您的[illegible]？[illegible]？如果[illegible]，我想[illegible]的力量。[illegible]？我準備[illegible]：[illegible]大陸[illegible]（[illegible]研究所、[illegible]文化研究學會）[illegible]，[illegible]（[illegible]），以大陸[illegible]（[illegible]），大陸[illegible]台灣[illegible]。不知如何？我們可以[illegible]，互惠互利，發揚繁榮[illegible]台灣的文化，推動海峽兩岸文化的交流，[illegible]大陸文化與台灣文化的新篇章。

[illegible]，把[illegible]。[illegible]

15×20=300　[illegible]中心　第 1 頁

成為我們最理想的結果，成為中華民族的文化發展[illegible]一份力量。如果[illegible]，[illegible]。我們[illegible]"[illegible]"[illegible]。

如果能成功的話，[illegible]，我們[illegible]大陸與台灣[illegible]（[illegible]），及[illegible]台灣[illegible]，大陸[illegible]。

還有一件事，[illegible]台灣出版[illegible]，我們[illegible]台灣出版，[illegible]台灣出版，[illegible]台灣出版[illegible]有什麼規定呢？望能及時告知。

現在我們大陸的出版[illegible]，所以台灣[illegible]，在出版[illegible]大陸[illegible]出版[illegible]。[illegible]台灣出版界[illegible]一個很大的好[illegible]。我個人認為，[illegible]

15×20=300　[illegible]中心　第 2 頁

「我想你的『華夏春秋』是否須要復刊？是爲甚麼停刊呢？如果能復刊話，我想助你力所能及的力量。我想與你合作辦刊如何？我單方面是想：一年四期都由大陸幾個單位（如東縣管子研究會、如東縣張謇研究所、如東縣江海科技文化研究會）出資印刷，雜誌印上這些單立（合作）的名字，以大陸聯絡處作爲通訊地址（類似《葡萄園詩刊》），大陸每期向台灣贈五百份雜誌。不知如何？我們可以資源共享，互惠互利，共同繁榮大陸與台灣的文化，推動兩岸文化的交流，開啓大陸文化與台灣文化的新篇章。或成爲我們友誼的橋梁，又爲中華民族的文化復興盡一份公民的份力量。如果你願意合作的話，望速回函。我們就來個前無古人，後無來者的創新舉措。」

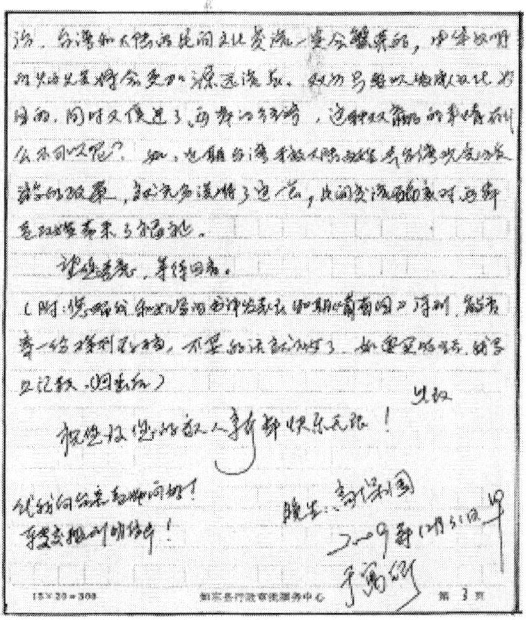

另外，他認爲只要遠離政治，兩岸文化人必能創造中華文明的燦爛願景，我想也是。

如東縣在江蘇省，收到這位小我十五歲，而文學成就早在我之上的詩人高保國的信，我立刻回信表示「大大的同意」。他現任江海科技文化研究會會長，詩歌、散文、小說、報導文學等，都是他的拿手。

事實上，近七、八年來，與我有往來而志同道合的詩人、作家，如成都雁翼和山東周興春（二位已往生）、重慶師大黃中模教授、南京卓琦培、北京溫文等，書信往來所談，不外復興傳統文化的議題。但能碰到像劉焦智和高保國，二位能有旺盛的企圖心和堅定的實踐力，是讓我敬佩的。

我把一些積極於從事復興民族文化，促進兩岸同胞交流的書信，串連在一起解讀，我相信是有「乘」積效果的。也讓文友、兩岸更多文化人，理解我們在搞甚麼！壯哉！劉焦智、高保國，我們共創兩岸文化交流的新篇章，爲未來國家統一繁榮盡一份心力，吾國之崛起，我們沒有缺席。

第九章　從《鳳梅人》報上的幾封信說起

——國共再合作與國家統一之平台

當代史學家每將近代中國之內戰，導至國家分裂給人民帶來的苦難，歸因於「國共鬥爭」。事實上，這是中國近代政治發展（Political Development）的「果」，而不是「因」，我以我的「學術專業」說這句話，我個人在早年讀研究所時，碩士論文的研究主題就是中國近代黨派發展，其中半數以上內容是國際共黨在中國的發展。

爲何說國共鬥爭是中國近代政治發展的「果」，「因」又何在呢？這得從共產主義轉移到亞洲說起。

早在一九一二年（中華民國才誕生），列寧在《泥瓦明星報》發表〈中國的民生主義與民粹主義〉一文，即構想以孫中山領導的組織爲母體，將共產黨移植進去，再用共產主義修正孫文主義。一九一四年又著《民族自決權》，主張透過社會革命和民族自決權的聯合運用，把共產主義移入中國。他在一九一八年又發表「不要忘記東方」，一九二〇年的東方民族會議，列寧起草「巴庫宣言」，更直指「北京是通往巴黎的大門」。終於，民國十年七月中國共產黨正式成立，以後的事大概普通高中或大學的小朋友，多少知道一些吧！

國共爆發數十年內戰，戰爭規模之大，遠超中國五千年戰爭（可見拙著《中國歷代戰爭新詮》台北市，時英出版社，二〇〇六年七月）。吾國自黃帝、夏商周以來，沒有一場內戰的雙方總兵力超過二百萬，而國共戰爭破了這個數字，傷亡之重，血流成河，種下兩岸半個世紀以「血海深仇」相對待。

是啊！兩岸的中國人，我們早該讓「血海深仇」成為歷史吧！我們該在廿一世紀儘早完成兩岸統一。但講統一，兩岸要有共同的「平台」、共同的交集、共同的內涵、共同的願景。這個共同就是孔孟之道為核心思想的中華文化。以下看中國國民黨政策委員會執行長林益世先生，給《鳳梅人》報劉焦智的信，刊在總第四十七期（二〇〇八年八月廿三日）

按信的內容看，是劉焦智先寄了《鳳梅人》報，給當時的國民黨主席吳伯雄先生，並附「肺腑之言」及「儒學要旨簡釋」，希國共兩黨在孔孟之道為核心的中華文化基礎上建立共信，建國救世，爲振興中華，造福人類而共同奮鬥。

事實上，凡在台灣讀過幾天三民主義的人都知道，孫中山建立中華民國，正是建立在「儒家的文化中國基礎」上，若脫離了儒家文化的中華民國，即是「非中國」，結局可能同「馬列中國」一樣慘。我的意思是，只要「中國國民黨」在，便絕對是擁抱中華文化，更主張中國必須完成統一的；但若，兩岸統一之事拖的太久，中國國民黨成了「台灣國民黨」，則可能出現不樂見的變局。所幸目前看不出中國國民黨會成爲台灣國民黨，沒有任何徵候，甚幸！

更幸好的，中國大陸揚棄馬列路線，回歸中華文化爲本位的路線，擁抱以孔孟儒家爲核心價值的文化中國，這是「有中國特色的社會

中國國民黨黨部來信掃描

天太先生大鑒：

劉總編焦智先生寄來「鳳梅人」及您致本黨吳主席的信都收到了。

所附《肺腑之言》及《儒學要旨簡釋》，希國共兩黨在孔孟之道為核心的中華文化基礎上建立共信、建國救世、為振興中華、造福人類而共同奮鬥。立意甚佳，識見宏遠，令人敬佩！謹函奉覆專此，順候

秋祺

總第47期
2008.8.23.

中國國民黨
政策委員會　執行長 林益世  敬啟

天太先生大鑒：
劉總編焦智先生寄來"鳳梅人"及您致本黨吳主席的信都收到了。
所附《肺腑之言》及《儒學要旨簡釋》，希國共兩黨在孔孟之道爲核心的中華文化基礎上建立共信，建國救世，爲振興中華，造福人類而共同奮鬥。立意甚佳，識見宏遠，令人敬佩！
謹函奉覆專此，順候
秋祺
中國國民黨
政策委員會　執行長 林益世 敬啓

主義」，我們不能照搬西方資本主義式的民主政治來用。現在仍有很多頭腦不清醒的人（如法輪功那些），一味以爲「美式民主政治」是普世真理，以爲中國要用美式民主，殊不知那是天大的難災啊！

也還幸好，我所觀察到多數中國人還是支持「中國式民主政治」。早在二〇〇五年十月十九日，中國國務院首次發表「中國式民主政治白皮書」，強調發揮社會主義制度的特性，利於社會穩定和經濟發展，有利於維護國家主權和領土統一，最大之利則是提高人民生活水平與福祉。深信再經若干時間實驗，將成世界上美式、英式、法式、德式等，另一種「社會主義民主典型」。

此處所要強調的，是山西芮城一個平民百姓，一個具有傳統俠義仁德心腸的劉焦智先生，運用他自費所辦的《鳳梅人》報紙，以中華文化爲平台，建構了兩岸交流的橋梁，使兩岸人民有共同願景，爲未來統一創造有利環境。

或許有人以爲，自從馬英九打開了大三通後，兩岸交流會趨於正常化，類似「平台」多的是，一個小小的「鳳梅人平台」有多少功用。君不知聚細流成海洋嗎？積土不成山嗎？台灣「百萬紅衫軍倒扁」，不也是一個人加一個人，再加一人……而成百萬紅衫軍。是故，類似《鳳梅人》報這樣的「平台」，多多益善，成千上百。必能風起雲湧，加速國家統一之進行。筆者目前在台灣地區與一群文藝界朋友，經營《藝文論壇季刊》、《紫丁香詩刊》、《葡萄園」、《秋水》、《遠望》等文化平台。（附註）都是有錢出錢有力出力的「虧本生意」。性質便與《鳳梅人》報同，所以和劉焦智也算有志一同，都願為中華文化傳承及兩岸文化交流做出貢獻。

以下再讀幾封信，都是平民小老百或退休公務員，但大家心中設想的、期待的、贊揚的，竟與劉焦智我等相同。

秦老師來信

劉總編你好，鳳梅公司同仁大家好：

《鳳梅人》44期、書刊、餘部長的以及你的信，皆已奉悉，勿念！

你的安排十分周詳，令人心向往之，尤其施老師對你豪邁熱情贊美有加，尤其她吃過你特制的杏仁，念念不忘：惜其一生，未曾見過杏為何物？很想到芮城體驗一番。我接信後，也十分心動，然天不從人願，我每天夜晚長達10個小時消磨在洗腎的治療上。行不得也！

不過，芮城于9月28日至10月4日舉辦首屆永樂宮國際書畫藝術節，這是大事，我會趕在這期《海鷗》予以宣導，共襄盛舉。

首屆永樂宮國際書畫藝術節的徵稿啟事，我會摘要刊出。

《鳳梅人》我也會在該期如你所交代，登一些資訊。

除了忙于經商之外，你又獨資出版《鳳梅人》，施老師和我都希望你不要過于勞累，多多注意身體的珍攝。

期盼藝術節辦得有聲有色，《鳳梅人》可辟專欄加以宣導。

餘光中的詩集將另外奉寄。

祝

事事順利

秦嶽上

2008年6月23日于臺中

總第45期。2008.7.22.

讀者來信選登

劉總：

您好！

欣喜我村本釐張維送來《鳳梅人》報八期，拜讀你的杰作，如獲至寶，深感受益匪淺。你由木工步入文壇，冰凍三尺非一日之寒；你勤學苦練，生財有道，博古通今，儒商并茂；你精心筆耕，伏案三更，諸篇文章寫的，既有縝密的哲理思維，又有大膽潑辣的豎眉怒目，筆酣墨飽，自由如神，妙在其中。

明知山有虎，偏向虎山行。為了端正國風民俗，謀求社會發展，促進文明和諧，您敢挺身而出，筆伐邪惡，一針見血，抨擊置法紀道義于不顧的歪魔邪道，富之無愧的魯迅先生之骨氣。讀你的文章後，耳目一新，動人心弦。

尤其是您寫的十二段《比爾先生，與你相比，我傲為富翁》之長篇抒情詩，頗有魄力，氣貫長虹，面對千億美元之富翁，您胸有成竹，不甘示弱，不愧為頂天立地，身上流淌着炎黃血的中華男兒！

您慷慨解囊，自費辦報，獨家倡導傳統文化、儒學道德，既利國又利民，實在難能可貴。正如詩人秦岳言："傻子精神"。試想，如果我們祖先當中，沒有這些傻子，我們從哪裏繼承這麼偉大、這麼豐厚的文化遺產？您才是當之無愧的傻子中的傻子，令人敬佩。

頌《鳳梅人》報

鳳凰高歌盛世音
梅花含笑到儒門
人道天道不偏離
報旨仁智禮儀信

焦思苦慮撿散金
自編自費《鳳梅人》
誠懇奉獻揚國粹
傳經自有後來人

大王鎮古仁村

胡博學

2007年10月19日

見第38期。二〇〇七、十一、八。

美國來信

焦智先生：

你寄來的九本《鳳梅人》合訂本及爾後的兩次挂號單張皆已妥收，十分謝謝！目前已照所囑贈與對中國傳統道德文化仍念念不忘之友人，希望"四維八德"能在世界各國發揚，終至世界大同。

此次單張報中央有劉健及劉增法二位先生贈弟之墨寶，有的龍飛鳳舞，有的勁挺方正，請代謝：二位方家精彩之作。

至于寄上之兩篇小文乃供你對我有所了解，非投稿也。如今被刊于貴報首頁，我不得不有所說明才行，請惠于補刊：

（一）、我之小照乃四十年前才三十幾歲時所攝，我已垂暮老亦，盼未誤導。

（二）、寫《救國秘方》之時代背景乃 2006 年正值臺灣被陳水扁等跳梁小醜搞得烏烟瘴氣之時，所謂的"第一家庭"和"貼心幹部"沒有一個不貪，沒有一個不黑，全島氣憤填膺，但沒有人敢出頭撻伐，因爲綠色恐怖（民進黨的顏色），人人自危，就連我敢寫文也不敢指名道姓，即或如此，臺灣的三大報紙（《聯合報》、《中國時報》、《蘋果日報》），都沒有一家敢登，最後投于中央軍事院校校友總會之校友通訊，方獲登出，但其影響層面僅僅衹有退伍軍人了！

（三）、《救國秘方——行賄自首者無罪》——實際上放諸四海皆能用的上，若真能立爲法條，則貪贓枉法之事可大爲减少。我現在倒是有一篇投稿請惠予刊登（附稿），看看廣大十幾億的同胞有何指教。當然，這需要借貴報一角作爲論壇，不知有否可能？

人類進化的歷史已有百萬年，有文字記載的歷史衹有幾千年，而人的生命更衹有短短的數十年。我們從歷史中看到喜怒哀樂不斷地在翻滾，都希望經過自己的努力能生活在喜樂之中，不然也希望兒孫能生活在和平有序之中，所以有識之士大力推廣中國傳統的道德文化，冀能引起社會風潮，把這艘神舟吹向光明之地，造福人群。

祝

宏教大展

弟孫大公敬上

2008 年 6 月 24 日

刊總第45期 2008.7.22

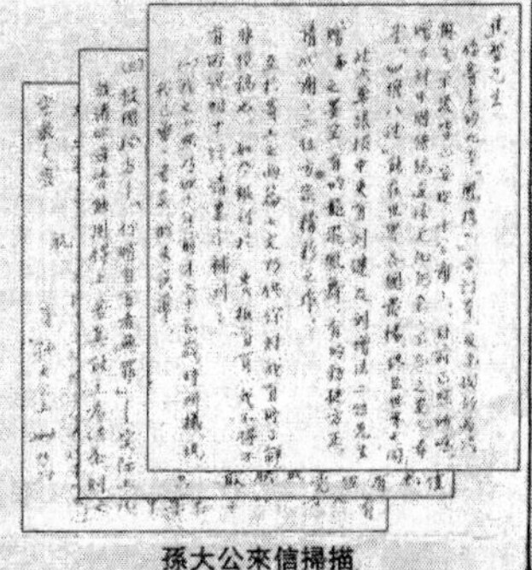

孫大公來信掃描

孫大公信摘

我對先生在《鳳梅人》報上所標榜宣揚的中國固有道德文化，非常地贊賞。因爲這才是立國的根本，其他理論思想隨時代而變化，不必太過重視。現在重要的是正本清源，等大家都遵行禮儀廉耻的時候，一切也應該走上正軌了。

總第4?期 2008.8.23

孫大公：前黃埔軍校官校系主任，現任中華黃埔四海同心會、美國聯誼總會總會長

陳先生：

您好！

正在準備給您郵 45 期小報的前一刻——今天早上 6 點 45 分，收到您的信及準備匯款的單子，很讓人感動。

感動歸感動，但很有必要表明心理：捐款，不是您應該做的事。——值此國難當頭，對于我從事的業，您在海外作的工作——郵寄珍貴資料、又把小報贈臺內外知音朋友等——已經夠多了。——所謂“國難”，實在不是聳人聽聞，也絲毫沒有誇大其詞：上個世紀我們中華民族遭到日本氣勢洶洶的鐵蹄踐踏，全國人民齊心協力，又得各民主國家支援，也不過 8 年，不就沒事了嗎？而如今，人為地廢弃祖先借以武裝人民頭腦的優秀文化，一味崇洋，帶來了衹知為己、還知損人的幾代人，幾代!!!而且，從哪一代開始回轉，還是茫茫然，——未可知也！

自古以來，文人衹要清正，又有幾個不貧的？唯衹有民國時期擔任北京大學教授的魯迅先生每月 250 個大洋，但卻昧了良心，不僅誣蔑祖先文化是吃人的文化，又對中國醫學進行了損毀，而且，助紂為虐，給另一伙并不是誠心為民者臉上塗脂抹粉，促使大陸上的中國人民陷入苦海，中國文化也遭到了有史以來從未有過的劫難。

不同于衹有文學愛好者才甘願幫助的其他刊物，咱這個小報，包括您那個與本報旨意基本一致的《華夏春秋》，是每個海內外炎黃子孫都應該給以各種方式幫助，——甚至，從關乎到世界和平、人類未來這一點上去認識，這個星球上 70 億人中的每一個人，都有幫助和支持的義務。

因此，衹要咱們凈心的做事，又有您們這些海外朋友擴散性的大力宣傳，像當年孫大統的業績一樣，到一定的時候，一定會得到更多知音朋友的幫助。——怕衹怕自己沒有耐心，怕衹怕自己工作做不好，怕衹怕自己抵制不了酒色財氣的誘惑。

我還這樣想過：既然咱這兩個刊物旨意基本一致，又在海峽兩岸，像弟兄姊妹般地遙相呼應，甚至下了“同年同月同日”的決心，作用豈不更大了？——衹是我的知識和學問與您相比，差距太大太大。

能否再寄一些您及家人的照片？

此致

敬禮

祝闔家歡樂。

戊子年六月二十三日辰時

于鳳梅五金店微型辦公室

孫大公，一個住在美國的黃埔老大哥，中國固有道德文化是立國根本，對陳水扁的貪腐應勇於撻伐……

秦岳的信，每天十小時用在洗腎治療……永樂宮藝術節會在《海鷗》宣揚，共襄盛舉……能不動容乎？

胡博學，大王鎮古仁村人，應是芮城。筆伐邪惡，一針見血，抨擊置法紀道義于不顧的邪魔歪道……

另一封是劉焦智回我的信，字很清楚，就請讀者自行閱覽了。

總之，劉焦智先生以自力自費辦報，讓《鳳梅人》報成爲復興儒家思想，撥揚中華文化，促成兩岸文化交流的重要「私人平台」。這個平台須要海內外所有炎黃子民的支持、維護及金錢贊助。到寫本文（二〇一〇年元月），兩岸通匯還是「極爲困難」，沒有管道，期待三通要落實，才方便台灣各界朋友對《鳳梅人》的贊助，共成春秋大業，促成國家早日統一。

附註：

前述提及我目前與台灣地區文壇朋友，所共同經營（含贊助支持）的藝文、政論平台，有以下各家。各家性質其實都和《鳳梅人》報同，都是自力出錢，或許多人共同贊助，且在兩岸文化交流做的最積極。將各家基本資料「整合」在我這小小的「平台」上，相信對各家交流、兩岸文化資源互利會有幫助。

藝文論壇季刊

發行單位：中國詩歌藝術學會
發 行 人：林靜助（總編輯）
社　　長：雪　飛（綜合評論主編）
副 社 長：陳福成（文化評論主編）
出版主編：彭正雄（出版評論主編）
顧　　問：一信　鄭雅文　李效顏
編輯委員：落　蒂（詩歌綜論主編）
范揚松（文創評論主編）
麥　穗（民俗評論主編）
胡明宏（美展評論主編）
高好禮（繪畫評論主編）
周志剛（攝影評論主編）
林芙蓉（文學評論主編）
林雅雯（舞蹈評論主編）
方飛白（中東特派員）
社務委員：林精一（財務主委）
吳德昌（連絡處主任）
蔡雪娥（總務主任）
劉玉霞（發行主任）
呂陳秀月（公關主任）
社址：台北市民生西路231號4F 之2
電話：（02）26265978　0928203988
傳真：（02）26200400
連絡處：台北市赤峰街44巷18號
電話：（02）25569160
編輯部：email-lin33123@gmail.com
印刷出版：文史哲出版社

紫丁香詩刊（季刊）

發行單位：中國詩歌藝術學會紫丁香詩刊社
發 行 人：林靜助（總 編 輯）
總 經 理：彭正雄（出版主編）
編輯委員：陳福成　廖振卿　金　筑　雪　飛
范揚松　林芙蓉　楊正雄　徐榮慶
李政乃　劉　虹　唐成茂　張三中
鄒　璐　子　青　許運超　李再儀
游秀治　徐菊珍　吳元俊　陳泛宏
社務主任：游秀治
行政主任：林精一
聯絡主任：劉玉霞
公關主任：蔡雪娥
社　　址：
103-60台北市民生西路231號四樓之二
編 輯 部：
電　話：（02）2626-5978（總編輯）
E-mail：lin33123@gmail.com
傳　真：（02）2620-0400

感 謝

榮 譽 訂 戶：游思源、游永福、隱名氏、許運超、孫家駿、姜必寧、陳瑞山、王英明、中經所
謝輝煌、劉太和、宋小姐、江樹鑾、劉自亮、陳福成、劉榮進、許忠英、呂建春
夏 威、子 青、文 林、關麗玉、涂靜怡、謝 青、林 悌、成幼殊、劉月鳳
陳泛宏、蔡麗雙

本期新榮譽訂戶：無

贊 助 訂 戶：孫健吾(285)、童忠盛(260)、中經所(238)、劉榮進(233)、謝 青(226)、林 齡(208)
李映彤(198)、風信子(196)、丘孔生(195)、林明理(194)、楊正雄(194)、盧月鉛(194)
梅占魁(191)、楊華康(191)、汪桃源(190)、李立柏(189)、陳冠華(189)、王女士(184)

本期新贊助訂戶：李映彤(2000 元-213)

基 本 訂 戶：傅智祥(199)、楊 巽(198)、季新山(193)、李政乃(192)、蘭嶼中(190)、華 船(190)
汪光房(190)、林士雅(190)、潘先佐(189)、楊本泉(188)、傑 倫(188)、包芝江(188)
朱兆瑞(188)、王邇賓(188)、傅家琛(188)、張騰蛟(188)、劉道釗(188)、許 軍(188)
王少鶯(188)、馮福祿(187)、尹克軒(186)、駝 鈴(186)、伍培陽(186)、陳欣心(186)
黃慶祥(186)、劉英俊(186)、宋后穎(185)、周振徽(185)、高市圖(185)、董金堂(184)
黃志廣(184)、王佛慈(184)、嘉 藥(184)、田興柱(184)、芙 華(184)、王旭東(184)
趙發魁(184)、朱兆瑞(184)、齊建平(184)、王德席(184)、毛 鷹(184)、萬 嵩(184)
曾吉林(184)、麥 芒(184)、東 華(184)、慈 濟(184)、清 大(184)、章安君(184)
傑 倫(184)、伊 凡(184)、文 榕(184)、吳亮汝(184)、李 午(184)、中 友(184)
劉有權(184)、李再儀(184)、沈新民(184)、李政乃(184)、吳貴仁(184)、南天(184*2)

本期新基本訂戶：包芝江(3 年-200)、宋后穎(2 年-193)、丁 鳴(2 年-191)、王德席(1 年-188)
曹 明(1 年-188)、董金堂(1 年-188)、毛新生(1 年-187)、鄧駿福(1 年-186)
劉昭福(1 年-186)

本刊接受任何形式之贊助，并將每期公布名單，以昭公信。徵信名單若有錯誤或漏列，請來函訂正。敬請讀者、詩友支持，讓葡萄園更茁壯，邁向新紀元。

贊助及訂閱金額請利用郵局劃撥帳號：17534952 葡萄園雜誌社。謝謝。

葡萄園詩刊發行部 敬謝

出 版 者：葡萄園詩刊雜誌社 郵政劃撥：17534952 葡萄園雜誌社
發 行 人：賴益成 TEL:0936-578377 FAX:(02)2914-8081
社 址：231 新店市三民路 75 巷 2 弄 3 號
E-mail：lay009@gmail.com
paclay5009@yahoo.com.tw（業務聯絡用——收件人賴益成）
編 輯 部：239 鶯歌鎮鶯桃路 182 巷 96 弄 37 號 4 樓(投稿處)
E-mail：taiker9055@pchome.com.tw（電子稿件用——收件人台 客）
社 長：金 筑 220 板橋市光華街 19 巷 5 號 3 樓 TEL:(02)2967-2493
副 社 長：魯 松
主 編：台 客 TEL:(02)2679-9055 FAX:(02)2670-2649

排版印刷：健呈電腦排版(股)公司 108 台北市寶興街 140 巷 35 號 2 樓 TEL:(02)23320931 FAX:(02)23379687
行政院新聞局出版事業登記證／局版臺省誌字第 971 號 中華郵政管理局雜誌交寄執照／北臺字第 1758 號
創刊日期：中華民國 51(1962)年 7 月 15 日 出版日期：中華民國 98(2009)年 11 月 15 日
定 價：國內零售每本新台幣 180 元(長期訂閱一年 4 期 600 元)
大陸及港澳地區(水陸)/一年 4 期人民幣 100 元 亞太、歐美等地區(水陸)/一年 4 期美金 40 元
大陸代理：樊洛平 (450052)河南鄭州市大學路 75 號鄭州大學文學院 TEL：(0371)6590-1290

CHIU SHUI POETRY QUARTERLY

秋水詩刊

創辦人 古丁

發行人 綠蒂
社長 林齡
副社長 雪飛
企劃經理 林蔚穎(趙化)
總管 汪洋萍
主編 涂靜怡
執行編輯 琹川・莫云
校對 風信子
編輯委員 麗歌・洪揚・心笛・風信子・亞媺
陳欣心・陽荷・琹涵・古晟
美術編輯 陳玉梅(俞梅)
社址 台北市郵政 14-57 號信箱
編輯部 台北縣新店市北新路一段 293 號 16 樓之 7《秋水詩屋》
出版發行 秋水詩刊社 電話：0933-126-878
登記證 新聞局局版台誌字第 11446 號
中華郵政 北台字 5245 號執照登記為雜誌交寄
國內發行 育智圖書股份有限公司
地址 板橋市松江街 23 號 2 樓
美國代表 心笛（Lillian-Yang）
地址 3036 Santa Rosa Ave.
Altadena, Ca 91001 U.S.A
新加坡代表 郭永秀(Quek Yong Siu)
地址 Block 338 Clementi Ave. 2,
#24-44 Singapore 120338
澳門代表 傅天虹
地址 澳門中央郵局 1352 號信箱
香港代表 何江顯
地址 香港北角天后廟百福花園，百佳閣 11 樓 E 座
大陸代表 劉慶雲
地址 雲南省大理州「建設銀行」辦公室(郵編 671000)
訂價 每本零售 150 元，訂閱全年 600 元
美國全年訂閱美金 40 元(含航空郵費) 港幣 250 元(含航空郵費)
大陸全年人民幣 120 元（水陸郵寄）
郵政劃撥 第 0100466-4 涂靜怡帳戶

中華民國 63(1974)年元月創刊，中華民國 97(2008)年十月出版

出版者 / 海鷗詩刊雜志社
社長 / 秦貴修
主編 / 古添洪・餘崇生・陳慧樺
業務經理 / 王蘇莉 公關 / 餘崇生 封面・封底繪畫 / 路衛
海鷗網址 / http://netcity.hinet.net/sun54u/seagull.html
郵政劃拔 / 06404679 陳錦標帳户
發行人 / 陳錦標
地址 / 花蓮縣吉安鄉吉安村中興路 343 巷 3 號 電話:03-8529295
印刷 / 明光堂印書局有限公司
臺中縣大裏市永隆路 100 號 電話:(04)24070301
定價 / 零售新臺幣 100 元・美金三元。
/ 大陸與國外一律以美金計算，包括航空郵資在內。

遠 望

以上各家雜誌的經費來源都大同小異，不外同仁分擔、奉獻及若干文友贊助。目前業（編）務發展的最上軌道，是《葡萄園》、《秋水》和《遠望》三家。

《葡萄園》創刊於一九六二年七月十五日，目前社長金筑、主編台客、發行人賴益成。編務等所有經費來源，除同仁每季繳款外，另設有「榮譽訂戶」、「贊助訂戶」、「基本訂戶」（如表所列）。秋水創刊於一九七四年元月，目前社長林齡、主編涂靜怡、執行主編琹川和莫云。《葡刊》與《秋刊》可以說是所有台灣地區的藝文類雜誌，最早推動兩岸文化交流之先趨與重鎮，二十多年來他們組團訪問大陸，繳請大陸文壇訪問台灣，可以說不計其數，都是兩岸文化交流的功臣。

此外，《葡萄園》詩人群在《鳳梅人》發表作品也最多，外加秦岳主持的《海鷗》詩刊詩人群，很多是《鳳》報主筆。是故，《葡刊》和《海刊》實是《鳳報》主將，他們本身就是一個「平台」。

許許多多的小平台匯聚成大平台，各平台相互合作交流，資源共享，水漲船高，必能風起雲湧。民族文化復興有望，兩岸文化一體交融，國家統一有望。

希望有志之士，都能獻出一己心力財力，參與「平台」，或組建「平台」。

末附註：所列詩刊等各雜誌，除《藝文論壇》參與行政工作外，餘僅供稿及經費支援（在台灣通稱同仁），都是同仁出錢維持刊物存在，政府不管的。

第十章 《鳳梅人》平台上的書法交流

我發現《鳳梅人》這個大平台上，不僅進行著全球華人、中國人的文化大交流，兩岸的文化交流、詩詞歌賦交流、意見交流，乃至書法藝術交流。經由這個交流過程，中華文化、儒家思想得到宣揚，所有中國人看到了共同願景。

本文把重點放在兩岸書法交流。當每個人拿到劉焦智這份報紙，打開首先看到報紙的「報頭」，標示這份報紙叫甚麼名稱及其他基本資料。以下有四個「報頭」，不論何種字體，一看便知是「中國書法」，一種親切的情緒由心而生。

前三個名稱都是《鳳梅人》報的前身，顯見創刊早期的不確定性。直到二〇〇六年八月七日，總第二十七期才確定《鳳梅人》報的「報頭」字樣和圖案。由此也見一個刊物的發展史，或所要顯示的特別意涵，如在二十六（含）期之前，未標示公元年曆。但無論何時，這些書法對中國人而言，是有吸引力的，會讓人想多看一眼，想思考它的深層意涵。

新華人

中華文化復興研究院
山西芮城鳳梅裝璜材料公司 合辦　總編：劉焦智
電話:0359-3080255 3080038 3287234 手機:13834706886
內部員工讀物　贈閱親朋良友
《鳳梅人》國際網站:http://www.sxrcfm.com 所有文章 全部上網

鳳梅人

山西芮城鳳梅裝璜材料公司
鳳陵渡裝璜材料批發部 主辦　總編：劉焦智
電話:0359-3080255 3080038 3287234 手機:13834706886
內部員工讀物　贈閱親朋良友
《鳳梅人》國際網站:http://www.sxrcfm.com 所有文章 全部上網

天生我才　天圖　前身　鳳梅人　鳳梅人

總第 26 期　丙戌夏至農歷五月廿六　公歷六月廿一日出版

特邀顾问：殷旵　國家民委英文《中國民族》"漢文化專欄"主持，國際易學聯合會特邀教授，中華老子研究會學術委員　電話:010-81723812　www.longxd.com　內部員工讀物 贈閱親朋良友

編輯部地址：山西省芮城縣北關金果市場鳳梅公司　郵編:044600　總編　劉焦智　電話:0359-3080255 3080038 手機:13834706886　www.http://www.sxrcfm.com 所有文章 全部上網

鳳梅人

2006年8月7日——農歷七月十四日　丙戌立秋開印　總第 27 期

在《鳳梅人》報上出現最多的台灣書法家作品，應屬詩人秦岳，他也是一個了不起的書法家。以下選部候秦岳親筆書法，及大陸書法界贈送秦岳先生的書法。

臺灣文化界名人秦嶽為
《風雨滄桑》再版題詞

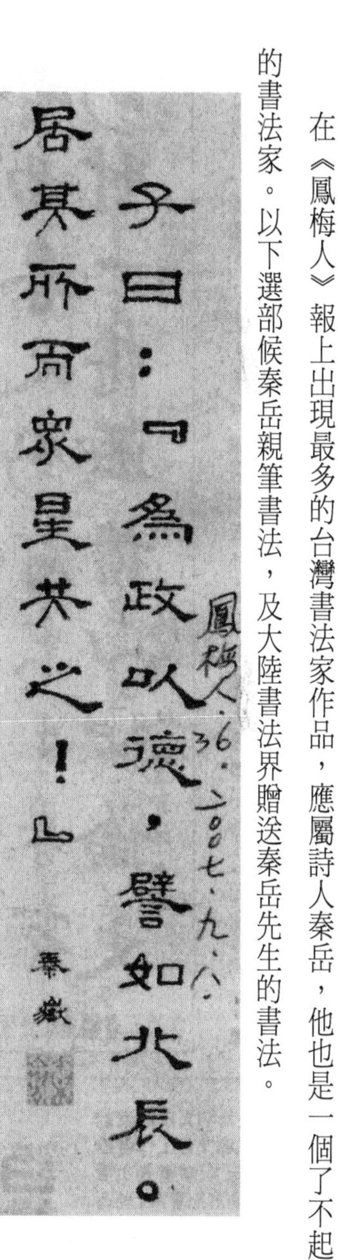

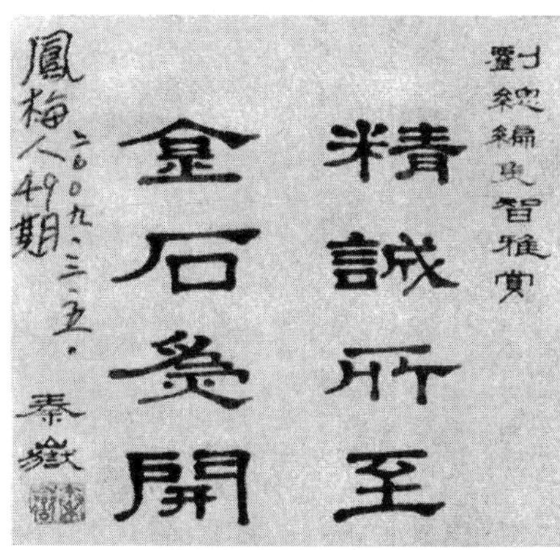

來自海峽東岸文壇詩壇的肯定、贊揚、
鞭策和鼓勵

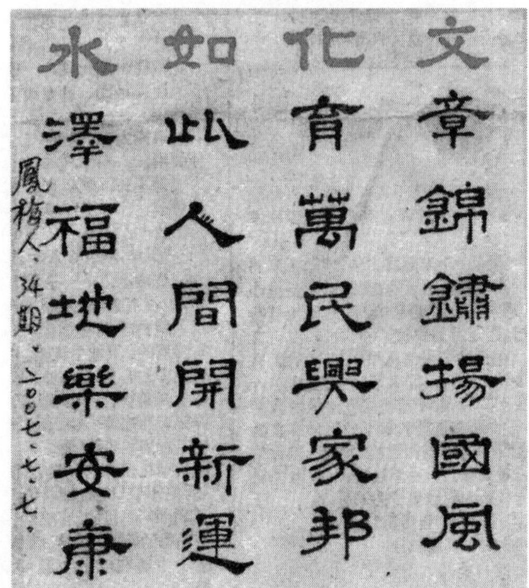

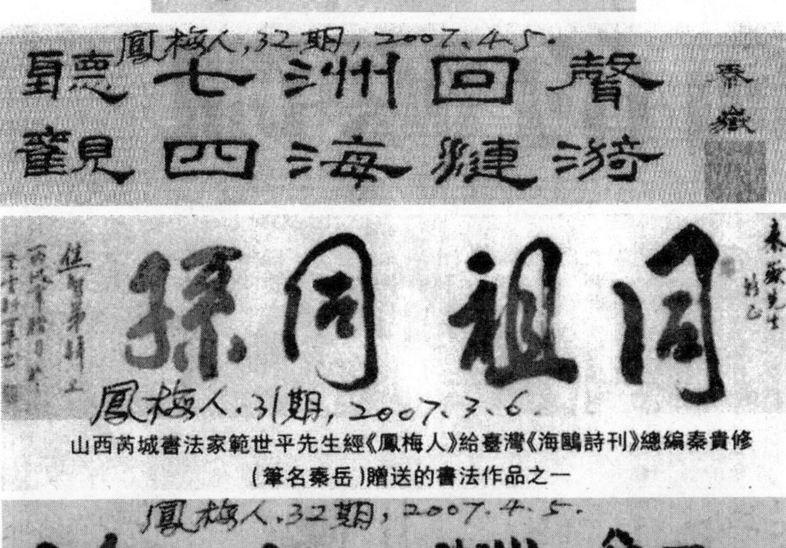

山西芮城書法家範世平先生經《鳳梅人》給臺灣《海鷗詩刊》總編秦貴修（筆名秦岳）贈送的書法作品之一

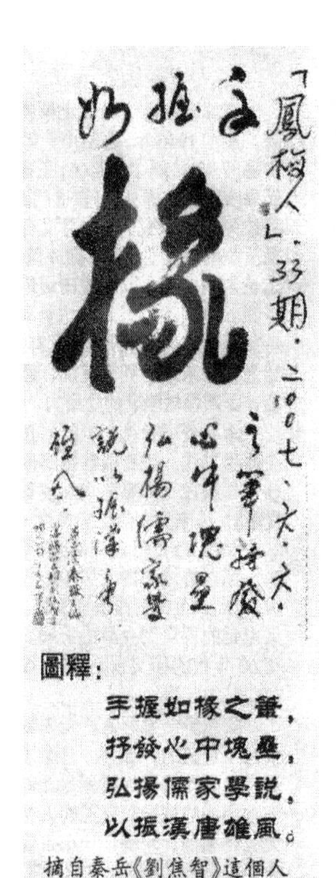

摘自秦岳《劉焦智》這個人

芮城著名書法家範世平作品

鳳梅人.35期.2007.8.8.

秦岳鐵錦雅正　鳳梅人.42.　二〇〇八.四.四.

不再牽我的手
不再摸我的頭
娘　您單獨一個人　靜靜地　走
娘　您單獨一個人　靜靜地　走
不管路途充滿著風霜雨露
奮力向前　不再眷顧　不再回眸
奮力向前　不再眷顧　不再回眸
連孫子的衿褵　呼喚　愁泣哀求
您再也不　忧您的忧　愁你的愁
您再也不　忧您的忧　愁您的愁
撇下這年邁無依的子女
在紅塵滾滾的人世間　苦苦奮斗
在紅塵滾滾的人世間　苦苦奮斗
那流動不息的歲月　片刻不停留
終有一天　也會把我們帶走
終有一天　也會把我們帶走
娘　期盼著
您　再牽我的手　再摸我的頭

朱陽村劉增法書法作品（3178242）

這些不過舉其小小部份作品，所書都是意義深厚的詞句，如芮城書法家範世平贈「同祖同孫」，劉增法寫的是秦岳的詩，而「百壽圖」是贈秦岳七十八歲壽辰，更是意義深厚。另外，秦岳親筆寫的孔子佳言「爲政以德，譬如北辰，居其所而眾星共之！」更是一筆擊中當代中國人的「要害」，爲何？

當代全球中國人，確實還有不少人，腦筋還不很清楚（居海外、港台居多），以爲西方民主政治優於中國自己任何制度，以爲西方自由市場經濟制度優於中國任何經濟制度。真是蠢啊！是天真還是無知？殊不知西方民主政治思想把政治和道德分割開，政治成了血淋淋的鬥爭。而所謂「自由經濟」更是與人道切割，只追求一己之利（資本主義基本論點）。故西方所謂「民主」和自由」，只是讓人類社會重回原始叢林，只有「文明」，而沒有「文化」；只有物質而沒有精神。

反之，中國的政治思想「政治」和「道德」是不能分割的，所以孔子說「爲政以德」。幾千年來，吾國社會、政治一切活動，乃至人心所思，都不能丟棄對道德的思考。這是中國社會的核心思想，現在全球流行「孔子風」，全世界到處都是「孔家店」，愈來愈多，爲何？因爲儒家思想可以挽救西方社會的沉淪，當然也能救當代許多中國人的迷失。

所以，秦岳簡單的幾筆字，但他所做和劉焦智一樣是救世救人的事業。我聞佛教高僧說法講經時，曾提到金錢財物布施雖好，但思想布施更佳，何謂「思想布施」，即著書立說、講經傳法、爲文論道等。那麼，《鳳梅人》報許許多多的作者，所做都是「思想布施」了！

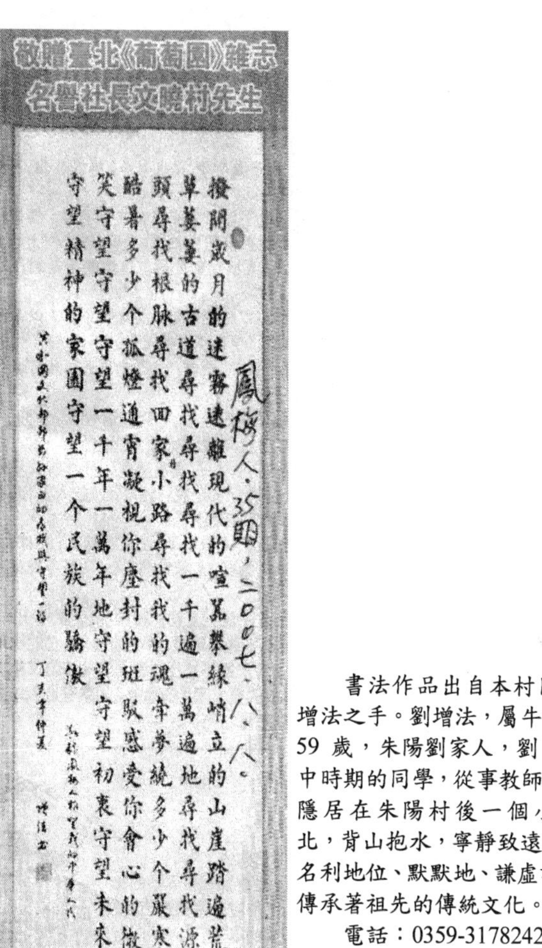

書法作品出自本村同宗劉增法之手。劉增法，屬牛，今年59歲，朱陽劉家人，劉焦智初中時期的同學，從事教師工作。隱居在朱陽村後一個小溝之北，背山抱水，寧靜致遠，不圖名利地位、默默地、謙虛認真地傳承著祖先的傳統文化。

電話：0359-3178242

中國書畫院院士、陝西省書法家協會會員劉健(筆名山川)先生經《鳳梅人》這個“文化橋”，給中國國民黨主席吳伯雄贈送的書法作品：《滿江紅》 劉健電話：13228079036. 鳳梅人，47，2008.8.23.

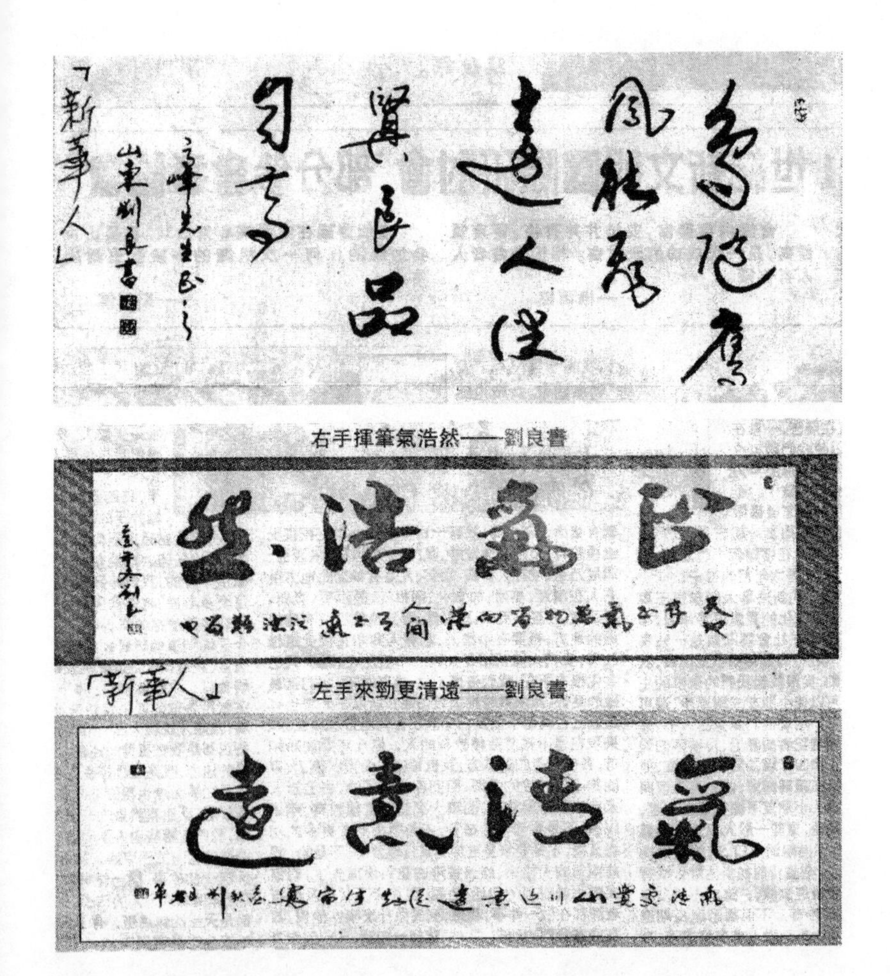

右手揮筆氣浩然——劉良書

左手來勁更清遠——劉良書

前面的五帖書法，其一是芮城書法家劉增法作品，贈送《葡萄園》詩社名譽社長文曉村先生。劉增法是誰？他是與劉焦智同村同宗，住朱陽村劉家，年紀不大，約與我同或稍長吧！另一帖是劉健贈中國國黨主席吳伯雄先生，作品寫的是岳飛〈滿江紅〉。劉健又是誰？他是中國書畫院院士、陝西省書法家協會會員，他稱《鳳梅人》報叫「文化橋」，真是名實相符。

另三帖是一位叫「劉良」寫的，他那「正氣浩然」和「氣清意遠」，不看不想就知道「非常的中華民族」了。劉良又是何人？他應是台灣人吧！在二〇〇六年的《新華人》有介紹。劉良，字金源，號天舒閣主人，一九六〇年元月生於威海，漢族，山東師大畢業，係山東台商協會會員（不是台灣人怎能是台商？）劉良有一封信深值一讀，對當代中國社會環境有反省、有批判、有期許願景，舉其三段如下：

> 改革開放，解放了人們的思想，但也削減了民族的正氣，正直的人生被金錢所扭曲，導致物欲橫流、爾虞我詐、欺世盜名，貪污腐敗、公款吃喝、使很多人怨聲載道，生活毫無目標，根本無正氣可言，無正直可言，豈不悲哉！
>
> 我認為：正直是一個民族的脊梁，正氣是一個民族的魂魄。縱觀人類的發展史，便揭示了其中的奧秘。現代的史學家們已得出結論，是農民戰爭推動了人類歷史

的發展，但我只概括了兩個字——正氣。正氣是推動歷史發展的真正動力，就拿我們中華民族來講，從蒙昧到文明，從弱小到強大，從貧瘠到繁榮，無一不是正氣作用的結果。哪一個朝代當政者正了，民心正了，便強盛，便長久；那一個朝代歪了，少了正氣，那麼它就羸弱就短壽。我們古人在創造文字的過程中便把「政」字象形的天衣無縫，頂天立地，才能相輔，說明有才幹有正氣的人才配以為政。五千年來的華夏文明，正是儒釋道三教合一共同作用的結果，倡導人格、良心、道德、道義的升華，弘揚正氣，鞭撻邪惡。

今天的社會以德治國，去邪扶正，迫在眉睫。我在這裏所要說的是，你的報紙，能否用一部分篇幅刊登一些歷史和現在有正氣的人物的文章，來弘揚民族氣節，鼓舞民眾的正義之風。我覺得每個人都有正氣，這個民族必然興旺發達，鴻運久長。

二〇〇六年一月十五日於家中　劉良

劉良另一帖「鳥隨鷹鳳能飛遠，人伴賢良品自高。」真是有品味、有深意又有智慧。爲何我要說「有智慧」？因爲在眾生之中絕大多數是沒有這種智慧的，吾人都活過半百吧！（我、劉焦智、劉良）看的夠多了，眾生大多「極自我」的，能有「人件賢良品自高」的覺性，真是少啊！故吾人要贊揚劉良的智慧。

下面「以血洗血」是蔣經國先生的墨寶，他生前曾說「我也是台灣人」，他為何誓言以血洗血，如此的滿腔悲憤，在「新華人」那篇轉刊的文章……飛機卻丟下一連串的炸彈…毛福梅不幸被無情的炸彈炸死……爾後，蔣經國拿起筆，含淚寫下「以血洗血」四個大字，命人刻在石碑上，立在生母罹難處。溪口淪陷後，倭奴做賊心虛，把這塊石碑搗毀了。現保存在溪口「小洋房」裡的那一塊是一九四六年重刻的。石碑正面為「以血洗血」四個大字，落款處一行小字是「男經國泣書」，字跡剛勁有的。……

以血洗血

（字不清看內文解）

六十多年過去了，經國先生的大願未了，誓言未能實踐（他沒有劉備敢為兄弟復仇的決心），也是人生大憾吧！

孫中山是兩岸共同推崇的偉人，他的墨寶放在大陸發刊雜誌很正常，有創造兩岸「共同交集」的意義。但蔣中正先生就大大的不同了，他的墨寶能公開上報而不「獲罪」，表示一種進步、交流，當然更是兩岸「大和解」，攜手共創統一環境的成績。毛澤東的墨寶也一樣，能在台灣流通表示一種開放和接納，可惜毛主席那一手字，沒有一點功力的人（含我），大多「莫宰羊」（台語：不懂或不知之意），我還是按《鳳》報刊載的「翻譯」，照抄如下：

中華民國二十六年（一九三七年）四月五日，蘇維埃政府主席毛澤東、人民抗日紅軍總司令朱德敬派代表林祖涵（林伯渠）以鮮花時果之儀致祭于我中華民族始祖軒轅黃帝之陵。而致詞曰：

赫赫始祖，吾華肇造。冑衍祀綿，岳峨河浩。

聰明睿智，光被遐荒。建此偉業，雄立東方。

世變滄桑，中更蹉跌。越數千年，強鄰蔑德。

琉臺不守，三韓為墟。遼海燕冀，漢奸何多！

以地事敵，敵欲豈足。人執笞繩，我為奴辱。

懿為我祖，命世之英。涿鹿奮戰，區宇以寧。

豈其苗裔，不武如斯。泱泱大國，讓其淪胥。

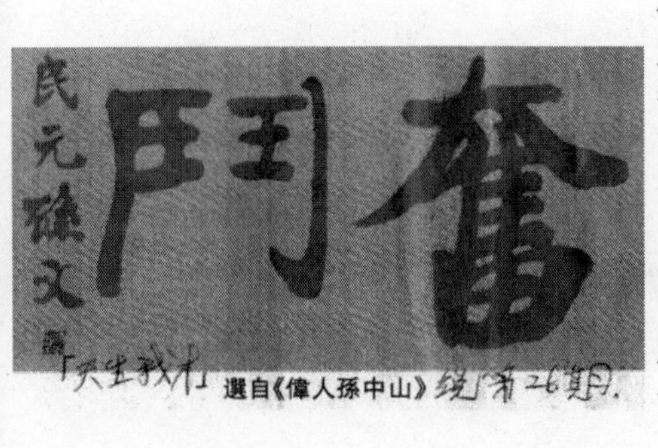

選自《偉人孫中山》

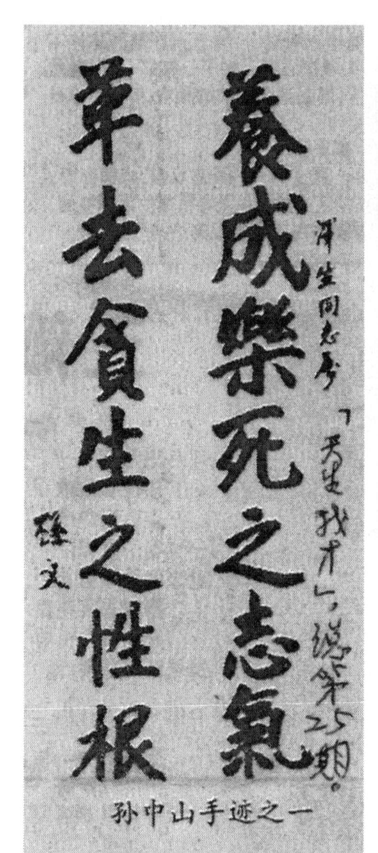

孙中山手迹之一

蔣介石(中正)先生于1942年題寫的“黃帝陵”，曾立于黃帝陵前。1958年被磨掉，爲郭沫若題刻所替代。1987年重新復制，立于碑亭東側。

中華民國二十六年四月五日，蘇維埃政府主席毛澤東、人民抗日紅軍總司令朱德，敬派代表林祖涵，以鮮花時果之儀致祭於我中華民族始祖軒轅黃帝之陵。而致詞曰：赫赫始祖，吾華肇造；胄衍祀綿，岳峨河浩。聰明睿知，光被遐荒；建此偉業，雄立東方。世變滄桑，中更蹉跌；越數千年，強鄰蔑德。琉臺不守，三韓為墟；遼海燕冀，漢奸何多！以地事敵，敵欲豈足？人執笞繩，我為奴辱。懿維我祖，命世之英；涿鹿奮戰，區宇以寧。豈其苗裔，不武如斯：泱泱大國，讓其淪胥。東等不才，劍屨俱奮；萬里崎嶇，為國效命。頻年苦鬥，備歷險夷；匈奴未滅，何以家為？各黨各界，團結堅固；不論軍民，不分貧富。民族陣線，救國良方；四萬萬眾，堅決抵抗。民主共和，改革內政；億兆一心，戰則必勝。還我河山，衛我國權；此物此志，永矢勿諼。經武整軍，昭告列祖；實鑒臨之，皇天后土。尚饗。

東等不才，劍屨俱奮。萬里崎嶇，為國效命。
頻年苦鬥，備歷險夷。匈奴赤滅，何以家為。
各黨各界，團結堅固。不論軍民，不分貧富。
民族陣線，救國良方。四萬萬眾，堅決抵抗。
民主共和，改革內政。億兆一心，戰則必勝。
還我河山，衛我國權。此物此志，永矢勿諼。
經武整軍，昭告列祖。實鑒臨之，皇天後土。
尚饗。

我個人曾是研究史學、研究國際共黨的，看毛這篇祭文，真是感慨萬千！「蘇維埃」是甚麼？其內涵與「中華民族」，乃至「軒轅黃帝」，是完全相背的。所謂的「蘇維埃」，乃至以後的「馬列路線」，完全是「非中國」的，是「去中國化」的。可見得，偉人也會迷失，那時的人也全迷失了，全部都「忘了我是誰？」、「搞不清楚自己是誰？」最後尚有幾帖書法提供雅賞，都從《鳳》報取下。

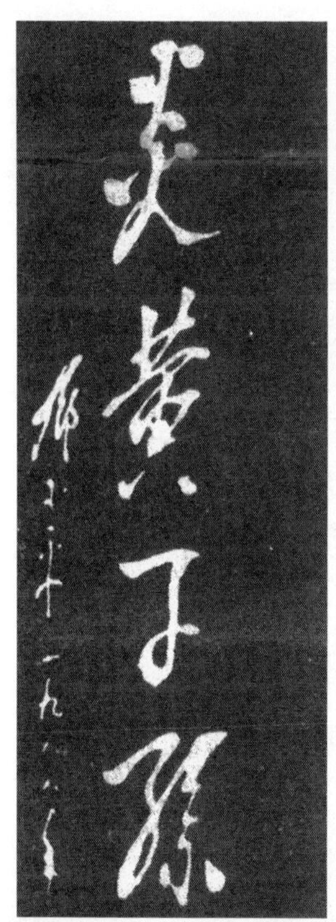

仁者壽
書法作者：王天國
臺灣《中華美術》雜志總編
電話：13013586869

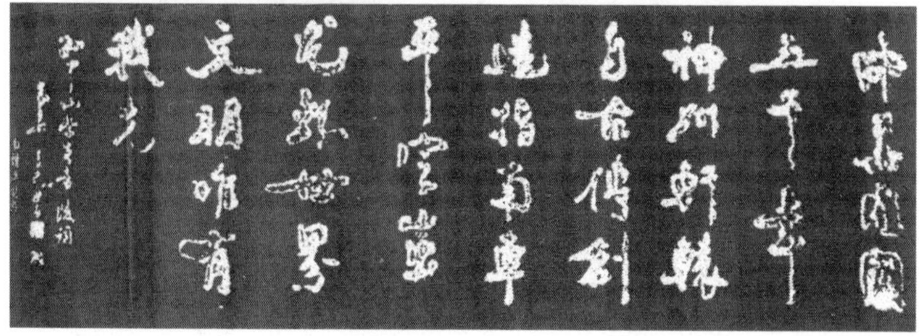

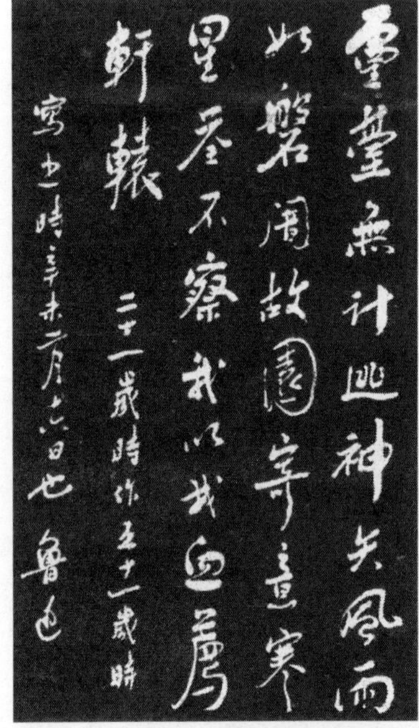

魯迅手書

靈臺無計逃神矢，風雨如磐闇故園。
寄意寒星荃不察，我以我血薦軒轅。

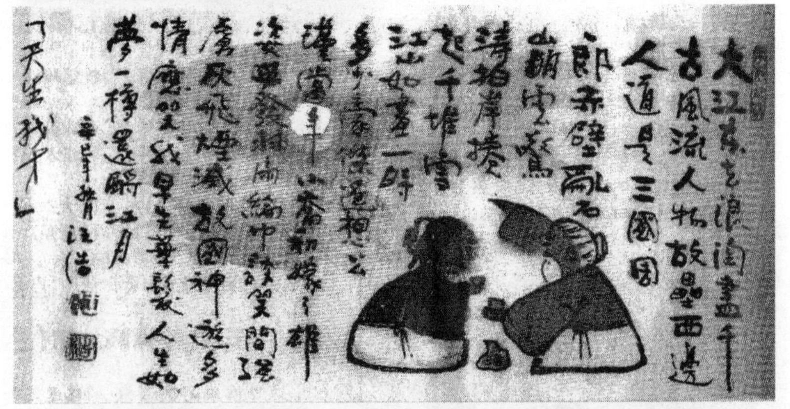

選自臺灣《中華美術》作者汪浩（臺灣）中華書畫協會理事長

大江東去，浪淘盡、千古風流人物。故壘西邊，人道是三國周郎赤壁。亂石穿空，驚濤拍岸，卷起千堆雪。江山如畫，一時多少豪杰。遙想公瑾當年，小喬初嫁了，雄姿英發。羽扇綸巾談笑間、檣櫓灰飛煙滅。故國神游，多情應笑我，早生華發。人生如夢，一尊還酹江月。

前面書「我比日月德被萬代」這位寇雲龍是誰？他年紀不大，小我十多歲。《鳳》報上資料顯示，他一九六七年生，陝西黃陵人，中國當代實力派書法家、篆刻藝術家。著有「千古聖地黃帝陵」、「雲龍書法」等，他的書法作品出現在《鳳梅人》報頗多，

位于陝西省黃陵縣的黃帝陵

早期鳳梅人「報頭」也是他的手筆。他在「雲龍書法」一書的後記，自拈一詩曰：「我本陝西一布衣，幸生祖陵橋山下；自知沒有李杜才，聊以筆墨慰平生。」那種中國傳統讀書人的謙虛美德，愈讓人感受到他的可愛和清高，讓我也把他當成夢中神交的朋友吧！

孫中山先生於一九一二年三月任中華民國臨時大總統時，曾派十五人祭祖團謁拜黃帝陵。此事有便是有，無便是無，近代史不難查考，原祭陵詞遺失，現在的並非孫中山手跡，乃陝西書法家吳三大於一九八七年重書，其詞曰：「中華開國五千年，神州軒轅自古傳，創造指南車，平定蚩尤亂，世界文明，唯有我先。」

讀了以上這些歷代開國者之所祭黃帝陵，寫下文情並茂而感人的祭文，不外表示一種「承先啓後」，「承先」是承接黃帝以降歷代聖賢的思想精神，走中華民族路線，當一個光榮的炎黃子孫並發揚壯大之；「啓後」是未來的路線不能遍離中華民族之道統，且要嚴守、發揚這個文化道統。

是故，希望今後炎黃子民，子子孫孫，以中華民族之一份子自居，以中國人爲榮。本來嘛！「我是中國人，中國本來就是我的。」你不是嗎？自認爲不是的，何不去把眼睛弄綠，把頭髮弄紅？或也可以「換血」吧！

第十一章 《鳳梅人》報上的台灣詩刊雜誌書籍交流

我研究《鳳梅人》報上，華人世界所發行出版的雜誌、書籍，只要當事者願意和劉焦智先生交往，表示大家意氣相投，志同道合。就算是大家沒有共創事業或任何合作事宜，劉總都願意為他提供交流平台，這無異對中華文化傳揚、交流，是有很大功效的。

《鳳梅人》報上的詩刊、書籍交流形式和範圍很廣，如寫書評、詩評、內容簡介或刊出封面，列出更多基本資料等。太多了，我不能一一列舉，只把範圍縮到最小，只針對《鳳》報上的台灣詩刊雜誌、書籍交流，以窺《鳳》之一斑。期別也不能涵蓋全部各期

序言 文曉村

當我執筆來爲《江南詩旅》，這本載負兩岸詩歌交流的小書寫序時，腦海中忽然湧起兩位難以忘懷的偉人——鄧小平與蔣經國，巨大的形象。

試想：大陸歷經文革十年浩劫之後，如果沒有鄧小平的再度出山；沒有黑貓白貓的辨證，沒有實踐是檢驗真理的認知，沒有一九七八年十二月二十二日，中共十一界三中全會改革開放、政策的全面推行……

——這祇是序言的開頭，感動我、感動你、感動中國的全文較長，下期再奉獻給讀者。 ——編者

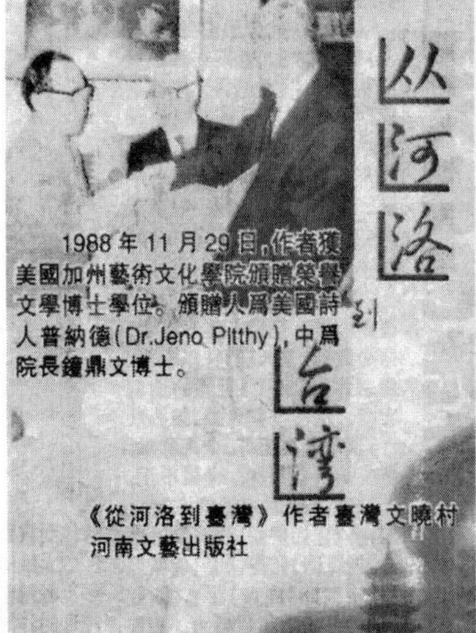

1988年11月29日，作者獲美國加州藝術文化學院頒贈榮譽文學博士學位。頒贈人爲美國詩人普納德(Dr.Jeno Pitthy)，中爲院長鐘鼎文博士。

《從河洛到臺灣》作者臺灣文曉村
河南文藝出版社

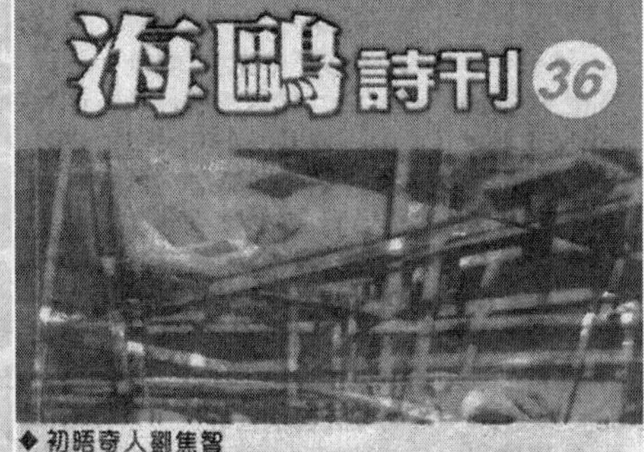

◆ 初晤奇人劉焦智

創辦《鳳梅人》報紙的劉焦智先生透過《中華美術》執行總編王天國寄《鳳梅人》給我，讀過該報，即握筆修書，略抒拙見，劉總居然在該報將信函披露，至此電話連絡甚密。得知我有重慶之行，堅邀我到山西芮城一遊。是以劉總由其賢婿許高峰開車由芮城來鄭州接我。在芮城受到熱情款待，臨行並以景德鎮製三套瓷器精品且刻有我的筆名贈我，令人永誌難忘。

《鳳》報，略取自總第三十到五十期，取其最要者。

以上五冊，〈從河洛到台灣〉和〈江南詩旅〉在三十期，餘三者在三十六期。文曉村於二〇〇六年八月三十日寫一封信給劉焦智（在《鳳報》三十期），讀這封信始知文曉村的詩、書及夫人的《拈花惹草》攝影集，應是此時才到劉焦智手上的，「文劉關係」此時才有進一步發展。

文曉村的信有一段……秦岳兄也一直鼓勵我給你寄點詩文稿子，我卻遲遲未能如願。現在，隨信寄上幾首小詩。這是內人邱淑嫦近十年來跑遍台灣和大陸大江南北十幾個省後，從幾千張照片中選編出的一本《拈花惹草》攝影集，我爲之題了一百首四行體小詩。其中〈九州采風〉共十二首，在《葡萄園》詩刊一六八期發表過，現影印一份，請你過目、指教。是否能爲《鳳梅人》作補白之用?也請你卓裁。

文曉村之受人敬重，在於他「肚裡有貨」又很謙虛斯文，「從河洛到台灣」是他的自傳，相信很多人都讀過。

《海鷗》詩刊由秦岳主持，海鷗詩人在《鳳梅人》報的「發表率」甚高，與秦岳積極的文化交流精神有關。而我的《華夏春秋》雜誌起步最晚（二〇〇五年十月創刊），第一期的文章都是熟識的朋友，我每期向大陸各大學圖書館及其他知名圖書館、公家單位、個人等，寄出五百本。第二期開始除台灣以外，有山東的周興春（德州學院教授）來稿；第三期有周興春、高保國（江蘇著名詩人）、汪光房（湖北詩人）；第四期有周興春、雁翼（四川詩人）、郭貴勤等；第五期除前面多位作家外，有朱愛東（安徽詩人）、卓琦培（江蘇省作家）。

我的《華夏春秋》只到第六期（二〇〇七年元月），因種種原因（人和錢）而停刊，我仍覺得沒有「白做工」，我得到大陸文壇一些小小的回應，算是對宣揚春秋大義盡一點氣力。很意外的，二〇一〇年元月，我得到江蘇如東著名詩人高保國先生支持，春節後要在大陸復刊，這真是一件喜事，喜的是春秋大業又得以傳揚，這一代的中華兒女絕非弱者，絕非盡是一些自私自利者，我慢慢有了信心。

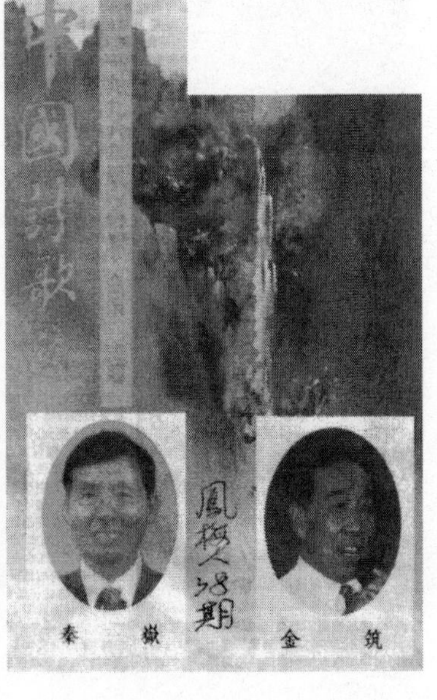

我的《華夏春秋》雖只發行六期，但有多篇文章在《鳳梅人》報上再刊出，其中「中國統一的時機快到了」及「秦秋典型與亂臣賊子」，這兩篇最具有批判力。是故，本書再次收爲附件，盼這「一魚四吃」，尚能發揮其「邊際效用」。

《中國詩歌選》（一九九八年版，秦岳，金筑主編），劉焦智特予簡介，該書收錄大陸、台灣、香港、新加坡等地一二九位詩人名作。這個短文（刊總第三十八期，二〇〇七年十一月八日），劉總稱「至今沒見過金筑先生」，秦岳當然要大大贊揚，劉總說：「像秦老師這樣：連我周圍的楊天太、劉代瑜、範世平、劉健，這些未曾謀面的布衣平民，也一樣看得起，收信後立即回復，寄書相贈，給別人帶來欣慰……」

近一、二年來，台客和秦岳作品在《鳳梅人》報出現最多，他二人與劉焦智嚴然形成「鐵三角」。而《葡萄園》、《海鷗》和《鳳梅人》，雖各自成爲「獨立平台」，卻也共構成一個更大的平台，使各自資源發生相乘效果。這是我觀察這些「平台」，它們所產生很大的功能。當然，我期待我和一群志同道合的文友，最近創辦的《藝文論壇》（林靜助、雪飛、彭正雄、鄭雅文、筆者陳福成等十餘位），以及《紫丁香詩刊》（林靜助、彭正雄、台客、金筑、雪飛、鄭雅文等十餘位，（都能盡快和劉焦智的《鳳梅人》有交流機會，並成爲「共構平台」。若能如是，兩岸交流必能加速，文化（精神）都能合一了，還怕不能統一乎？

葡萄園 詩刊 177
2008・春季號
THE VINEYARD POETRY QUARTERLY
攀登人格頂點 回到母親懷中
劉焦智 張亦農
鳳梅人 43期 2008.5.21

海峽評論
鳳梅人 49期 2009.3.5.
關鍵時刻的關鍵決定
本期一版《臺灣吳瓊恩教授評鄧小平與1989年的"六四"》一文，即摘選自本刊170期

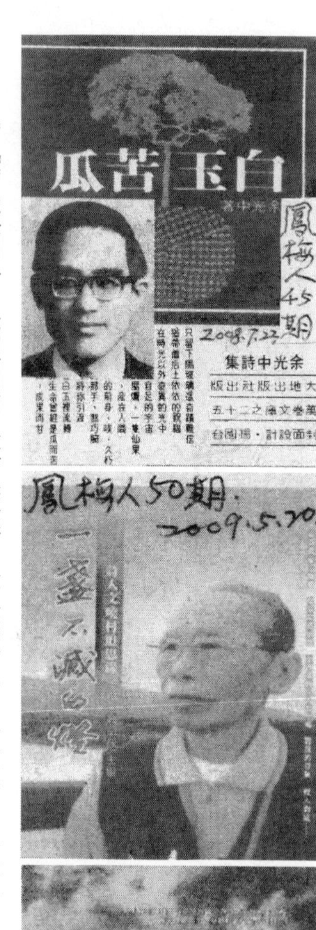

《鳳》報四十三期刊的是前輩詩人文曉村的悼念詩，放在《葡萄園》詩刊一七七期封面上，接著幾期有很多紀念文曉村的文章。《鳳》報五十期刊文曉村追思錄「一盞不滅的燈」，這是賴益成（現任葡萄園詩刊發行人），花了近一年心血所完成。

我概估，在台灣的各類雜誌報紙，所發表作家追念文曉村先生的詩、文作品，如在《葡萄園》、《海鷗》、《創世紀》、《秋水》、《世界論壇報》、《文學人》、《文訊》……及個人著作、紀念追思錄……外加大陸方面如《鳳梅人》報等大陸文壇，懷念文曉村先生的詩文，恐已超過千篇以上，這可見當代兩岸中國文壇對這位老詩人多麼敬重。此無他，因為文老是用他的「人格、情操和生命」推動兩岸文化交流，把生命中最後「一滴可用資源」，也貢獻給他的母親——中國。

二〇〇七年八月，中國「首屆青海湖國際詩歌節」舉辦，文老應邀遠赴青海，此刻他身體已經很差，六月才從慈濟加護病房出院。他毅然寫下遺書〈八月，我將遠行——給愛妻〉一詩，詩的末段說如果不行而倒下，就是「回到母親的懷中」。此行遠赴青海，回程又到山西侯馬兒孫家小住，並與劉焦智有頗多節目安排，又見了第四代曾孫，尤其感人的是文老大陸時期的前妻仝秋也來見。（全文可見文曉村，「八月，青海行及其他」長文，葡萄園詩刊一七六期，二〇〇七年十一月十五日。）

果然這一路勞累，返台後就進了慈濟醫院加護病房，十二月又移榮總，二十五日因多重器官衰竭病逝，享壽八十。我至今寫到文老行誼，眼角仍禁不住溼溼的。

劉焦智的《鳳梅人》報上也有許多懷念文老的文章，不一一細述。劉總有一首詩，寫的正是他的《鳳》報與台灣一些詩刊、文友交流的感想。

丁亥年七月十五日的黎明時分
我的思念隨著《海鷗》飛翔神遊寶島
《葡萄園》裡有鶯歌燕語，邊聽邊賞
……
白髮蒼蒼的「婆婆媽媽」

妝花鏡反射著《拈花惹草》的美姿
寧靜清香的《葡萄園》裡 撲楞楞的
一群《海鷗》飛翔在萬里無雲的藍天
海峽東岸神秘的寶島啊
那裡有一幅多麼令人神往的畫卷

《葡萄園》詩刊，第一七六期，二〇〇七年十一月十五日

詩後註記，由於主持《鳳梅人》小報，使我（劉焦智）幸運的結識了不少寶島台灣的詩人文友。《婆婆媽媽》是秦岳的夫人施雯女士的一本散文集，曾在《鳳梅人》報、山西日報以及雜誌分別轉載。而《拈花惹草》是文曉村的夫人邱淑嫦女士的攝影專集，由文曉村配以詩作，真是伉儷情深。但我對文老夫婦敬佩者尚有一事，文老在大陸時期尚有一妻名仝秋，通常這兩個女人（仝秋、邱淑嫦）相見，絕對是眼紅的，不然就是如仇人相見或互不往來，有的甚至引起家庭革命或上法庭（爲情、爲財等）。

但是啊！奇怪也！那些事都沒發生，他們相見都如多年未見的親人、朋友，他們處理的「合情合理」，可見這人生舞台上的三個主角（文曉村、仝秋、邱淑嫦），是多麼

有智慧。甚至連雙方（大陸、台灣）的下一代、二代都相處的好，太神了！

由此而觀，文老一生雖顛沛流亡，先爲人民解放軍，接著妻離子散又成了朝鮮半島打到美帝的自願軍，又成爲美軍的戰俘，再成爲準備反攻大陸的國軍，最後成爲詩人詩仙。在「公領域」裡，他已是兩岸文化交流的主將，他建構了「健康、明朗、中國」的《葡萄園》，在我們的心中，他是永遠的大師、導師。

而在「私領域」裡他是個幸福的男人，成功的丈夫和父親，成功的祖父、曾祖父，成功的長者。太叫人忌妒和羨慕了，因爲在現代這個價値崩解的台灣社會，千中不得其一，絕大多數的人不可得。劉焦智和張亦農的悼文老師說的「攀登人格頂點」（前面葡刊封面），並非溢美之詞，而是事實，「係金乀啦」。

本文從劉焦智經由《鳳梅人》這個小報，與台灣一些詩刊、詩人及他們的作品，促成了很多交流，這是當代兩岸文化交流的重要部份，更是反制台獨分離主義者的一股力量。由此而觀，《鳳梅人》不是小報，而是有宏觀理想，抓住當代兩岸主流思潮的需要，這是一個「大報」，若有更多志同道合者支持，他會成爲「大大報」，爲兩岸文化交流、爲復興儒家思想、爲宣揚中華文化，做更多更好的事，我中華民族可望在廿一世紀前期，盡早成爲一個完全統一的國家，吾等至願。

《鳳梅人》報在兩岸推動的文化交流，形式頗多，其他如書畫美術界、一般大學，乃至政黨亦有，都不一一列舉解說，均可從《鳳梅人》報上讀取得知。

但我對《鳳》報讀者最大希望，是不要讀完隨手便丟了。因爲這是劉焦智自費貢獻的，每張報都是「白花花的銀子」換來的。一定要傳閱再傳閱，更大的希望是大家設法給劉總支持（人力、物力、財力），你的支持給他生存、壯大。

第十二章　《鳳梅人》報上的台灣詩人作品賞讀

《鳳梅人》報每期的第四版，性質有些像台灣早期一些報紙（如中央、聯合）的「副刊版」，以文學作品爲主。劉焦智把這珍貴的「副刊版」，大量的空間獻給台灣的詩人作家朋友們，至少都在三分之二版面以上，有時甚至整版。

我初略統計，從總第三十八期（二〇〇七年十一月八日），到四十八期（二〇〇八年十二月廿一日），各期的台灣詩人中，見報率最高的前三名是秦岳、台客和金筑，本文就這十一期賞讀部份詩作。

總第三十八期（二〇〇七年十一月八日），第一及四版有高岩一篇長文「台獨必然導致政治腐敗」，爲轉自我辦的《華夏春秋》第六期（原「魔鏡」，二〇〇六年九月）。詩作有三家，台客〈和阿詩瑪相遇〉、秦岳〈永恆的風景〉、陳福成〈錢〉，還有一篇台客〈太極峽谷尋石記〉。但我要老王賣瓜，先請讀者〈賞吃〉我的詩：〈錢〉：

這一條繩子／讓人又愛　又怕　又奇妙／最大的功用是捆人／一旦被捆／一輩子很難脫逃／不是被繩索勒死或跳海跳樓／便是活得像狂犬一條

錢的用途很多／可做成魚線掛鈎去垂釣／釣大魚／走狗　使鬼推磨／或釣烏紗帽　首富釣美人魚

這條繩子　千變萬化／搖身一變　成了迷魂藥／讓人失去理智　良心／殺人放火　強姦　欺騙和搞台獨／都為吃錢　洗錢　污錢或掠奪些財寶

我思考了半個世紀／總想把錢的事情搞好／後來終於頓悟／別把繩子帶回家嘛身上能少盡量少／把繩子丟給人家／這樣　自己就不會被繩子拴牢／新發現／不論白天或晚上　都有星星對我笑

這是一首四段短詩，也是我大約五十歲才有的對錢的領悟，相信絕大多數（我所見）的人都被錢拴的死死，儘管月入數萬乃至十多萬元，仍只顧自己享受，而「拔一毛以利天下不爲也」。不知道爲何？所見眾生皆被錢拴牢，能像劉焦智之佈捨錢財以利天下，怎如此難以在台灣社會，讓我再見「第二人」？

第三十九期的台灣詩人、作家可多了，文曉村、金筑、陳福成（筆者）、朱朗、石酒壽（石臨生之子）、范揚松、曾美玲、丁穎、秦岳和台客。而以文老「八月，我將遠行——給愛妻」是他最後之作，也是經典作品，海峽兩岸轉刊者不知多少，我就不在贅言，倒是存在主義詩人丁穎的一首短詩「紀夢」，我很有感覺：

每次遇著你／總點頭微笑／自你那清癯的面龐／以及，那憂鬱的眼神／每次想安慰你，給你鼓勵／但，總是臉熱心跳，無從啟齒

如今，你悄悄的走了／像一片秋天的落葉／無聲，無息／未帶走天邊的雲霞／也未帶走紅塵中的玫瑰／留下的只有數行清淚／和一聲嘆息

丁穎的詩總帶著幾分淡淡的愁，故文壇上稱他「存在主義詩人」。這首詩的後記說明，是九五年十二月三十一日（應民國），中國詩歌藝術學會第六屆第一次會員大會，與秦岳北上開會，夜宿詩人高準處。夜夢一位患絕癥的年輕詩人，在一家醫院病逝，一位白衣天使以此詩悼念也！言下之意，丁穎在夢中是那位白衣天使嗎？但我從心理學來解詩，通常人生觀、思想、詩與夢，其實是合一的，「日有所思、夜有所夢」正是。人生雖有幾分悲觀，但詩人希望自己是白衣天使，依然待眾生以慈悲。

丁穎的詩也提到他和高準、秦岳的關係，三個好友相聚，這三位正好也是我所敬仰的前輩詩人，尤其他和高準年青時代就認識，對台灣詩壇貢獻甚多。高準則有「民族文學的良心」定位，他早年辦「詩潮」雜誌，曾提出中國新詩發展首要，「要發揚民族精神、民族風格和民族形式」；對台灣新詩發展方向，要「繼承光大民族的歷史命脈、堅決在中國的土地裡紮根」，指出「全盤西化的死路」，數十年後的今天回顧都是正確的道路。劉焦智、文曉村、丁穎、秦岳、我等，走的正是這條中華民族大道。

第四十期有潘雅文、馬驄、曾美玲、筆者、金筑、陳錦標、秦岳、台客、文曉村（已逝），石臨生有一篇「丁亥返晉祭祖及訪古記」。

第四十一期有秦岳、台客、金筑、文曉村、陳福成及石臨生的同鄉會記實。

第四十二期有秦岳、台客、金筑夫婦、范揚松和我的作品「春秋典型與亂臣賊子」。

第四十三期，台客、秦岳、范揚松和我的長文「中國統一的時機快到了」。但我要特別介紹老友詩人范揚松博士，他在本期的詩品「詩友速寫八則」：

詩友速寫八則　　臺灣・范揚松（博士）

一、吳明興（詩人、教授、文學博士候選人）

一只頭顱飛探蒼穹又鑽研黑海岩層，考證

左手撥弄滔滔青史，右手冷拒躁鬱後現代
總以憤懣目光燃向欲言又止的北宋的一禪

二、陳福成（詩人、軍事家、國立空大教授）

堅毅腳筋踏過魍魎沼澤，心碎於花飛花落
穿紅衫蓄怒發千百丈，把肝膽裝置成炸彈
在凱達格蘭高聳墓碑前，不時——自行引爆

三、胡爾泰（詩人、教授、國立師大文學博士）

翩翩自古典國度歸來，踩踏平仄韻腳起舞
舞出異國風景，企圖自華爾茲旋律找尋愛
啊玫瑰呼叫浪漫名字，尖刺狠狠扎在手裏

四、吳家業（詞曲作家善朗誦、專業律師）

一串串翻騰音符突擊夜空，星光憤然狂墜
墜落酒精濃度中酣醉，激越手勢鼓動海嘯
熠熠星子頓時從深谷底爬升雲頂，清醒著

五、方飛白（詩人、旅遊作家、中東工作十幾年）

攀越杜拜塔頂，題寫每一朵雲的流離身世
伊斯蘭教堂裏，每一部可蘭經暗暗燃燒著
你瀟灑走過，用寂寞眼神擁抱離棄的身影

六、藍清水（詩友、社會學者、任教授于大學）

在幽谷裏踩踏荊棘，向血的顏色追擊青春
然後在寂靜濤涌中，打撈一張張風霜的臉
從此，愛上這張臉更愛上江雪垂釣的姿勢

七、呂佩橙（詩友、中學校長、攻讀教育學博士）

吞噬斑駁經文之後，吐著燦爛千陽的絲絮
在胸口反復刺繡著日月星辰，並引燃火光
餘燼裏，用銀鈴笑聲呼喚遠方高飛的一鴿

八、劉淑蕙（詩友、某協會秘書長，現養病中）

只讀一言，瞳孔被猛烈意象擊傷而視茫茫
酸楚隱身體內流竄、啃咬，喂養二十年啊
詩的服用劑量漸增，相思種籽卻結晶成癌

這八人當然是同一掛的好朋友，若要組黨也會是同一黨。前四位（吳明興、陳福成筆者、胡爾泰、吳家業）因住家都在附近，大家常聚會，高談、吟詩、品酒、唱歌，近兩年也一起過「跨年夜」。方飛白人在中東，但回台休假必會聚會，暢談異國風情、創作等經驗。

賞讀這首詩，在詩人對每一對象的性格、創作方向的捕捉，到了神妙精準的境界，例如他寫陳福成（筆者）一詩，「在凱達格蘭高聳墓碑前，不時——自行引爆」。這場景是幾年前范揚松、台客和我，參加紅衫軍倒扁，在火車站前的倒扁總部高台上吟詩的情景。

「左手撥弄滔滔青史，右手冷拒躁鬱後現代」，這是詩人吳明興，在我心中他也是「民族文學的良心」，曾在全世界數百雜誌、詩刊、報紙等，發表過三千多首詩。現在早已轉向學術界，拿到文學博士後，又「大膽西進」，在大陸讀醫學博士。但與生俱有的天份不會變，他「總以憤懣目光燃向欲言又止的北宋的一禪。」

第四十四期有秦岳、台客、白靈、范揚松和我。台客那首「我是一粒石頭」，在海峽兩岸詩壇很受歡迎，大陸為這詩寫賞文評論者絕不止十家，台灣亦多（含在下）。

我是一粒石頭

臺灣・台客

我是一粒石頭
又堅又硬
躺在激湍的河床上

風來襲我
雨來打我
甚至空中那隻飛鳥
灑落幾滴糞滴在我身上
我都不在乎

我始終報以微笑
對嚴酷的風雨
對和煦的陽光
對無知的群鳥

對多情的流水
我始終報以微笑
且把臉龐
迎向前方

摘自臺灣《與石有約》第四十二頁

詩的有趣在於有很多想像空間，詩之能動人在於他的真，即詩人的「真性情」。「風來襲我／雨來打我」，鳥糞滴頭，全都不在乎了，你看這人怎麼了得，他到底那裡「不得了」，那裡「硬」，讀者可自行解析。我認識台客也多年了，照理說到了一把年歲（他約同我），「該硬的不硬了、該軟的不軟了」。可是，我看他，全都還硬的很。

第四十五期有余光中、孫大公、台客、秦岳、汪桃源、金筑和我。且讀台灣女詩汪桃源「花絮」一詩：

花　絮　臺灣・汪桃源

面對山徑一路踩過童年的足痕

封存經無憂和嬉笑的日記
如今所遙望的
無非是
藍天下仍是藍天
一年四季
時節未到
花海仍相互爭妍
短暫且熱情地奔放　之後
種過紫色和黃色的土地　仍
蘊藏著四野荒涼隱隱的哀痛
循著那久已廢棄的乾河溝
微風輕揚起
滿地的花瓣
在我的驚心中
敞開一、兩條折疊人生的皺紋

且在我輕輕拾掇的撫摸中
掉落

這首詩寫的開朗中帶點淡淡輕愁，前半「藍天下仍是藍天」，在台灣的特殊環境中，是很敏感的，獨派詩人絕不會用這種詞句。但這位女詩人心中，其實是「天下本無事」的，只有逝去的歲月，如滿地落花，才真是叫人感傷啊！另外這期秦岳的兩首寫女作家蕭紅，最是感人而深值一讀，「呼蘭河畔」和「命運魔掌」，是他早年發表在「明道文藝」的作品（都在二三八期）。

第四十六期有秦岳、台客、范揚松、金筑、關雲和我。關雲就是汪桃源，她在這期刊一張「名片」，說「轉交北京人大／我的粉絲／溫總理／家寶」，下面又有一排子，「溫家寶總理在台灣文化人心目中的地位」。天啊！我和關雲（汪桃源）同是「三月詩會」成員，怎不知她的粉絲是溫家寶總理，「家寶」是她叫的嗎？

第四十七期有石臨生、關雲、台客、秦岳、林明理、我和林靜助的介紹。林明理是近幾年來，崛起於台灣詩壇的女詩人，在極短時間內，女詩人以「攻擊、攻擊、再攻擊」的攻勢戰略，以詩作組成大軍，迅速攻略了「秋水」、《葡萄園》、《海鷗》、《創世紀》、「青溪」、《藝文論壇》……以及人間福報等文壇城堡。幸好各主編還「守的住」，否則可能被她整城攻略，「整碗端去」，可見這位女詩人未來，必大有作爲，因爲據聞，神州大地的文學城堡已被她攻下多座。其實，我讀過她不少作品，葡萄園詩刊第一八二期有她的評論專輯，我以評文「秋風秋雨秋意濃」定位她。她的詩風很是浪漫唯美的，現在讀她這首「夜航」。

我的詩——夜航　　臺灣・林明理

是秋的臘染
紫雲，浪潮拍岸
是繁星
旋轉，還有萬重山
當夜敲著故鄉的門
小樓的風鈴就傳開了
那海河的橄欖林

在銀色的石徑裏醒來
被風起的流光
點出滿身晶瑩的背影

只有我於天幕下
仰望高空
在雨濕來臨前
趁著黑夜
飛越玉壁金川……

二〇〇八年八月八日

林明理的詩就是這樣，漫不經心的，自然的，如一片秋風中的落葉，讓她自然、隨興的飄、飄、飄，一行是一片飄葉，又飄下一片，再一片，飄然落地組成一首詩。至於讀者如何讀這首詩，到底你看到的是一堆落葉?還是浪漫詩作，就看自己的心境、感覺了；若你真的沒有感覺，讀不出味道，不是詩人詩不好，是你境界未到吧！

《鳳梅人》報的第四十八期，有石臨生、秦岳、台客、賴益成、陳女士、金筑、陳錦標和我的作品。讀賴益成的詩，他仍是葡萄園詩社發行人。

不滅的臉——夢裏所見；懷沙牧

臺灣．賴益成

斜雨霏霏
冰封大地
一隻孤寂的行腳在雪地
踽踽獨行

流失飛掠　劃亮燃點
足印流失　冰雪澆溶
綠洲乍現　一座高峙的碑碣
上升　上升
上升　炸裂成百上千的
星子　棋布簇擁一張臉的星座
圖騰　在天際

燦亮

賴益成（葡萄園詩刊發行人）這首懷沙牧，我讀來仍是萬般感傷，因爲我也寫過沙牧詩作的賞析．沙牧一生活在戰亂、流浪、貧困、無家可歸，用酒來麻醉自己的日子，但他仍是這一代人懷念的詩人。

沙牧是誰？他本名呂松林，一九二八年九月十二日出生在山東海陽縣宴海鄉呂家村。隨軍來台後，加入「現代派」詩人，著有詩集「永恆的腳印」（海島文藝社發行）、「雪地」（「詩、散文、木刻」社發行），曾任《創世紀》編委。民國七十五年二月十二日車禍傷重不治，由詩人張默、辛鬱、羅明河、林建助等，將他的骨灰送往陽明山靈骨塔，結束苦難的一生，與近代中國的苦難類同。

以上只是把《鳳梅人》報，從總第三十八期到四十八期所刊載的台灣作家、詩人概略一覽，並賞讀部份詩作，嚴格說不是甚麼深入的研究解析。頂多是個人涉足兩岸文壇所知的一些人事和讀書心得吧！

本文標題雖是《鳳梅人》報上的台灣作家，我所列舉應已無誤。惟有可能我未提到的，因未標名作者是那地區（國別），或我並不認得。有作者（如孫大公先生）人在美國，但我知道在法律上他仍是「台灣人」，也大約每年會回台一次，故仍列入本文所謂的台灣詩人。但孫大公寫詩不多，我只看到第四十五期有一首「蘇武牧羊」。倒是我的一篇長文「爲挽救國魂之沉淪找尋一位當代典範人物：孫大公的精忠報國歷程與反思」，在《鳳梅人》報名期連載。我和劉焦智想法一致的，就是宣揚傳統春秋大義、民族精神和倫理道德，我們有使命感，故願意投入精神和力量。

總之，中國之崛起已不可擋，中國之統一已經在望。從國際大環境看，美、日等國企圖永久分裂中國，企圖已經破滅，他們自己快不能自保了，這也等於封殺了台獨的一切外援。就島內情勢看，左右（藍綠）內鬥尚會持續下去，到內耗把資源耗光了，便不得不統一。（歷史向來是這樣發展的，非陳某胡言。）

而在這國家統一過程中，民族興起時，劉焦智、我及一群文化人，我們積極參與，絕不缺席，直到台獨火花完全熄滅，國家完全統一。

我們是「以筆爲槍，以詩爲武」的「溫柔戰士」。

第十三章　文以載道
——《鳳梅人》報上的反貪倒扁詩

中國自春秋孔孟以降，在文化思想上「文以載道」，可謂歷代之思想主流，甚至成爲我國之「立國精神」，這種精神便是一種「道統」，一種「大道」，或略稱「道」。而一切的「文」（含一切詩書文章等），便有承載這「道」，進而彰顯這「道」，發揚這「道」的神聖使命，也要所有寫文章的人、創作文學的人之共同使命。

用現代術語說，寫作要能彰顯歷史正義、社會正義，爲廣大整體之人民群眾發聲；進而，對社會黑暗面的貪污腐敗、禍國映民、製造國家分裂、鼓動戰爭等，以有力之批判。所以說，「孔子成春秋而亂臣賊子懼」，就是指孔子以春秋之筆，批判黑暗，維護正義，使亂臣賊子心生恐懼。

所以，「文以載道」也是中國歷史上，衡（評）量詩人、作家、文人等，夠不夠格成爲一個詩人、成爲一個作家的條件之一，且爲重要條件（當然也有別的標準，此處不論）。假若，一個詩人、作家（或任何角色）不能以文載道，他的角色可能被質疑，甚至被否定。我國的文學思想素來重視「真」（現代文學亦強調），即「文如其人」、「文品即人品」的合一性，不可分離性．故「文以載道」，也是「人以載道」，其理亦通。

這便是我國歷史上，至今無人稱秦檜、汪精衛等人是詩人、作家之謂。但若只論詩品不論人品，則秦檜、汪精衛都是一代大詩人、大文學家，當代海峽兩岸著名大詩人如余光中、洛夫，文才都在秦、汪二人之下；惟余光中、洛夫等，不僅人品高，文才亦高，故能成兩岸共認之「當代中國大詩人」。

又假設，余光中、洛夫在各地配合台獨份子起舞，又配合「僞高雄市文化局局長、詩人路寒袖」把蔣中正銅像大卸八塊，他倆還算「中國大詩人」嗎？他倆恐甚麼也不是！連詩人也不可得了，而只是一個「政治小丑」吧！如路寒袖在台灣詩壇雖仍小有名氣，但不過是個「政治小丑」吧！

詩人這名銜這麼奇妙！不是詩好就好，而要人品好，進而有「文以載道」的使命，才是可敬的詩人。

山西芮城劉焦智先生開一家五金店，卻獨立以私人之名辦《鳳梅人》報，與海內外許多能「以文載道」的文人作家，承擔發揚中華文化、宏揚儒學的使命。在《鳳梅人》報上刊出的任何文章，不論長文、短篇、長詩、微詩、書信、公告……乃至文化部長孫家正的「文化如水」、劉焦智的「風雨蒼桑」和「粒粒砂石、堆積聖賢」等連載長篇作品，篇篇都有「文以載道」的質量和信念。

事實上，近十年來，我遇到兩岸三地許多文化人，我們都有「文以載道」的使命感。大家真的「搶著」在吾國崛起的廿一世紀，國家整合統一的過程中，我們不願缺席，積極的以一介文化人的身份角色，奉獻一份心力。

是故，本文要論述推介的，正是在《鳳梅人》報上「以文載道」的一群文化人。但對象太多，大陸、海外、港澳、台灣，有很多文化人在《鳳梅人》報展現才藝和理想。我只能把範圍縮小，選擇台灣在「陳水扁偽政權」執政時，一群台灣詩人於「反貪倒扁」所展現春秋大義氣節，以詩衛道的一些作品，先讀潘雅文作品：

怒火　**臺灣・潘雅文**

二〇〇六年九月十六日圍城之夜
久久積鬱的民怨
像蠢蠢欲動的超級火山

在九月的臺北城爆發了
穿紅衫拿紅光棒的群眾
在夜雨溟濛中
騰沸如火山噴出的岩漿

光團火球般的紅潮
自四面八方匯流
隨處加入圍城的動線
所有的生命熔化為光熱
所有的信念凝眾成洪流
流動為波瀾壯闊的長龍

遍地紅衫遍地火
百萬群眾百萬軍
攻向撕裂族群的政治騙子

攻向貪腐失德的統治者
誰管雨水混著汗水淚水
就任雨聲合著歌聲吶喊聲

從此紅衫像紅花開放
從此紅花雨的歌聲傳唱不已
從此路樹間的紅緞帶
日夜在風中雨中飄揚
而卑微蒼生的心願
等待無言的上天應許

九月，在凱達格蘭大道

臺灣《葡萄園》雜誌總編台客

九月，在凱達格蘭大道
空氣中嗅得到緊張氣息
偌大的廣場惴惴不安

和平鴿早已飛離

九月，在凱達格蘭大道
成排的拒馬路口靜默待命
閃亮的刺刀在槍尖上冷笑
遠方有風暴成形

九月，在凱達格蘭大道
人群從四面八方聚集
他們點燃憤怒抗議的火把
燒向一群吸血的蝙蝠

潘雅文的詩原刊《葡萄園》詩刊，第一七六期，選刊在《鳳梅人》報總第四十期（二○○八年二月四日），此刻「陳水扁僞政權」已日薄西山，該不會是「壓垮駱駝的最後一根稻草」吧！但其詩末有注，謂詩作完成於二○○六年圍城之夜（是役，我和詩人台客、范揚松亦參與。）又事隔一年，族群撕裂的惡搞依舊，貪污腐敗政權依舊，卑微蒼生的心願依舊，而上天依舊無語。是故，詩人言「蠢蠢欲動的超級火山／在九月的台北城爆發了」，這便是民怨，是人民的正義呼聲，形成一股巨大的力量，攻向撕裂族群的政治騙子，攻向貪腐失德的偽政權，那是不法政權啊！詩人台客的詩則形容這種不法政權，叫「一群吸血的蝙蝠」。確實，不久後，陳水扁、吳淑珍的貪污案爆發了，他們以不法手段貪的錢財，轉存於海外各地，竟高達近百億台幣。簡直像一群現代「暴龍」，可怕的有一群「深綠」，天天高喊「陳水扁無罪」，唯一合理的解釋：小偷當然護著小偷，貪腐者也護著貪腐者！

但任何黑暗、貪腐，最終必在春秋正義面前垮下，中國五千年大歷史，代代不斷論證這種真理，再讀晶晶、文曉村和金筑三位詩人作品：

清史留痕　臺灣・晶晶

漫天烽火結束之際
彈丸之島歸回之時

前人不治

贏得四小龍之首的美譽
後人之治
博得貪婪之島的恥號

提升、沉淪
言猶在耳
羞怯的靈魂早已逃之夭夭

在歲月的沉澱下
殿堂日漸腐朽
金身必然銹蝕
只有那一抹微笑
長垂青史
笑看
後世興衰

野鶴

臺灣・文曉村

非仁者之樂山
非智者之樂水
非淵明之愛菊
非濂溪之愛蓮
我只是一隻野鳥
以雲為詩友
天空之大任我飛
飛翔是最高的向往
五湖四海為我家
且享漂泊之樂
至於島上那些
愛恨與是非
就留給秋風去論評

後記：三月詩會七月份命題之一爲「瀟灑」，餘生平拘矜，非敢造次，而當前大局板蕩，豈能故作瀟灑，姑且戲筆爾。

自不量力

臺灣・金筑

感戴　緬懷　歌頌　榮耀
堆砌　疊高的
大中至正
巍峨一尊藝術的晴空
是臺北市中心的一掌風景
才二十餘載
青春正茂　就古意盎然
似乎是風貌未老就先拔萃
蠱惑者的迷思
以否定的辨證

更名曰「民主」
角力無勁　拉扯另一形式的意圖

我看見
枝葉繁茂的榕樹下
一隻蜉蝣撼動後跌落
我聽見
幾隻秋蟲
在一隅啾啾悲鳴

真正的詩人必有真性情，有真性情的人必有大歷史觀，必有春秋正義思想，才能以筆爲槍「以文載道」。以上三首詩都在《葡萄園》詩刊發表過，轉刊於《鳳梅人》報，也可見得《葡萄園》詩刊是台灣地區詩壇上，能維護中華民族精神與春秋大義，進而批判分離主義的「台獨僞政權」，最堅強的戰堡。文曉村等創刊先賢的眼光、氣魄，深值歷史及吾人後輩之頌揚。就像文老這首「野鶴」，不論詩人多瀟灑，但面對「陳水扁僞政權」，最後雖說「留給秋風去評論」，實即留給春秋大義評判，這是詩人的氣節與含畜。而晶晶的「清史留痕」，做了事實描述，「前人之治／贏得四小龍之首的美譽／後人之治／博得貪婪之島的恥號」，用了相對筆法，彰顯善惡之別。確實，國民黨治台半世紀，使國民所得達一萬二千美元，成亞洲四小龍之首；民進黨惡搞八年，台灣成貪婪之島，陳水扁的貪污案傳遍全球。

另一首金筑的「自不量力」，有一句台灣俚語「草猛弄雞公」正是這種事，只是詩人出手高妙，沒有直接道出。用我的語言解析，台獨分離主義者像那隻草猛（蚱蜢），春秋大義如那雞公，草猛當然永遠沒機會，且死路一條，再進化一億年，蚱蜢也不是公雞的對手。另一句「螳螂當車」語意相同，倒是用「螳螂捕蟬」形容台獨也很貼切。另一首老友范揚松「春天是一堆雪」：

春天是一堆雪——送立委邱毅因三一九案入獄

臺灣・范揚松

種籽，深覆在霜雪的零度裏死去
死去般，一絲氣息抵抗著重重岩層
才知道嚴冬未遠離，春天墜如黑牢裏
歲月掩面而泣，在轉彎暗處消失——

一個太陽魅影，被風刮得愈來愈稀薄
朋友，遠行前飲盡這碗已涼的烈酒
（此去將是人跡罕見的歧路或繁華盛世？）
酒精尋找燃點，碰觸嘴唇剎那
火勢燒遍全身，胸膛的一堆雪
在抑鬱中沸騰；心的空間能裝卸
多少愛恨、正——與——邪——
《全民大悶鍋》燒烤的悲壯身影
笑得很冷，像雪一般淹沒了眼臉
（空氣中交織著冰與火，我們拒絕窒息）
踐踏在泥地裏的種籽，不死呀
緊咬一方泥土，便醜醜地抽長
扭開黑黝黝的岩層，呼喊自己
鏗然的名字，你將身體敲打成鑼鼓
敲開片片肅殺寒意，對酒應高歌

朋友，臨行前何妨痛飲三百杯——

附記：寫於二〇〇七年四月二十五日老友邱毅立委入獄前夕。邱毅因抗議總統大選三一九槍擊案，涉嫌違反集會游行法衝撞地檢署遭判刑一年二月。邱毅爲舊識，在TVBS中以揭弊英雄而名噪一時，個人敬佩其正義感與勇氣十足，特寫此詩以慰之。

摘自台灣《葡萄園》詩刊一七五期第九十八頁

二〇〇四年台灣島上的「三一九槍擊弊案」，本是「陳水扁僞政權」及幾位貪婪腐敗者，自導自演的戲，與作弊沒兩樣，簡直是小偷竊盜之輩。抗議小偷偷東西有罪嗎？檢舉有人竊盜是罪嗎？真有這種事。老友范揚松這首「春天是一堆雪」，就是寫立委邱毅抗議陳水扁僞政權的小偷行　爲，因而獲罪入獄。

這種事在古今中外歷史上，真是屢見不鮮，如岳飛因「莫須有罪」而死，但也可以斷言：當這種事發生時，天下已不可爲，故詩人說：「春天墜如黑牢裡／歲月掩面而泣」，可憐百姓爲貪婪政權而哭，眾生無力可回天，必待一群仁人志士不怕死，起而強召群眾，起來革命，推翻那些不法政權。如滿清末年，又如二〇〇四年的三月，啊！邱毅，你是當代孫中山先生，我們敬愛你，我們崇敬你！你是春秋大義的使者！

歷史發展很弔詭，古今中外皆然。總是光明與黑暗交織起一條長河，太平日子久了人心開始腐化，社會開始惡化，這時正義之聲「踐踏在泥地裡的種籽，不死啊／緊咬一方泥土，便醜醜地抽長」。僞政權不會太久，八年黑暗期，在歧路上游走八年，歷史重新回到正軌。小馬執政開啓兩岸大三通，中國從「反分裂法」，再次啓動統一機制，這是春秋大義的力量，再讀拙作三首詩：沙漠化、寒梅和又搞死一個岳飛。

沙漠化　　臺灣．陳福成

不論多大的沙漠
總有些水草或綠洲
可有些人心沙漠化之嚴重
常年毫無綠意，沒有一點生機
一輩子幹枯成一座
大沙漠

沙漠不斷擴大

使周邊地區也快速沙漠化
一個個人心、社會、國家都將成為
一座座大沙漠
生命絕跡
無解的命題

當然，我期待六千萬年後
這座沙漠又成綠洲森林
又能進化成不同於人類的新生物種

後注：臺灣獨派的分離主義政權，在不斷「在中國化」後，又成爲貪污腐敗的「洗錢中心」，使整個臺灣的文化、社會都在加速「沙漠化」，漸漸成爲不適人居的「貪婪之島」，神啊！怎麼辦？

又搞死一個岳飛　臺灣・陳福成

朝廷之上充斥著

趙高、秦檜和汪精衛等投胎轉世的
魑魅魍魎
以及一群被道士趕著的
僵屍
這些鬼禍害人間
最近又搞起焚書坑儒
孔孟李杜等又被判了第三度死刑
凡經史子集都是火化的對象
冤死的眾生群集冥府找鬼算帳
還沒有超度誦經
在臺北市利用一個特別費案
又搞死一個岳飛

此刻，我看見
忠孝仁愛信義和平禮儀廉恥

全都死光光
所有的岳飛全都死光光
這裏，除了鬼，我未見有人

二〇〇七年春馬英九「特別費案」感想

寒梅

臺灣・陳福成

一身傲骨，八風吹不動
就算冰天雪地，環境惡劣
你依舊挺昂然
告知天下：堅貞純潔

一連幾個日夜，寒風刺骨
眾生跑得跑，躲得躲
衰得衰，謝得謝
你語帶風霜，字挾凜冽

說：我是中國

一連百餘年，在大風大浪中
你被撕的四分五裂
險些滅頂
風雨過後，新芽快速長大
你永恆不滅
鐵硬的身子裏流著炎黃的血

一九九八年冬於臺大有感

以上三首拙作，不自誇言好，但已多處轉刊，至於詩品又如何?由讀者公評，但能保証「人品」絕對好。且一心彰顯春秋正義，以文載道之使命亦必全心貫徹執行。我以這樣心情寫成另一詩「誰是永恆?」得山西芮城書法家劉增法先生共鳴，他親筆書法贈

誰是永恆
台灣 陳福成
在春秋大義面前
夏商周秦漢三國晉
南北朝隋唐五代
宋元明清
全都垮了
唯一永恆不垮的
就是母親
啊中國
你才是永恆不倒的
神祇
丁亥年
中國山西芮城 增法敬書

山西芮城朱陽劉增法書法

我，多讓人感慨，知音竟在千里外！

回顧吾國數千年歷史，每個朝代的結束（滅亡），每個統治階層的垮台（被推翻），雖然有當時的主客觀環境因素，那些因素不能說不重要。但最重要且是共同的原因，都是內部的腐化、惡化，終至失民心，失天下。古聖先賢一再論說「得民心者得天下」之道，真是古今不變的鐵律。今日中國追求統一過程，就是在贏得兩岸，乃至全球中國人之民心，若皆民心歸向，何愁不能統一？

詩人和政治人或其他種人不同的，是詩人最能從人性、人道層面，真誠的關懷國家民族興亡及生民福祉。如杜甫的名句，「朱門酒肉臭，路有凍死骨。」「國破山河在……」這是另一種「文以載道」，不僅警示當時的執政者，也告戒後世子民，下面的兩首詩是這種性質的文以載道：

慰安婦　新加坡・伍木

血淚耕織的亂世長卷
母帶是太平洋西岸的諸國版圖
配上不同語言的翻譯版本
三戰的續集，一演

竟超過了半個世紀

恥辱烙印的深世殘卷
戰爭的原罪並不止於烽火熄滅
鐵蹄如幽靈
死裏逃生的六十年後
還在夢裏繼續踐踏

哀傷深嵌的遺世眼神
心頭絞痛了一個甲子
元凶仍然逍遙法外
我是背負著罄竹難書的逆旅血證
二戰僅剩的一枚枯淚

從地獄的邊緣歸來

亂世也好渾世也罷盛世又如何
始終我是一個
世人不平日人不安典籍不載的異體詞
一頁問贖無門的歷史孤卷

選自臺灣《海歐詩刊》的第三十二期三十四頁

感知圓明園　劉福智

甲申年春，
面對圓明園的殘垣斷壁，
我欲哭無淚

我有一堆冰涼的驚嘆
它本是一座曠世的名園
歷經百年
我依然感到徹骨的奇寒

啊，我的圓明園

我有一片深重的傷痕
它本是一副如花的容顏
歷經百年
我依然感到火燒的灼痛
啊，我的圓明園

我有一塊碩大的恥辱
它本是一場文化的劫難
歷經百年
我依然感到靈魂的震顫
啊，我的圓明園

我想

它無須翻新　也無須重建
讓它永遠　以殘缺的形式
宣示　中華民族的苦難

（《鳳梅人》第二十五期）

倭奴王國近四百年來，不斷侵略其週邊國家，發動無數次大小戰爭，爲鄰國及其本國子民帶來無數苦難。其中最大型侵略戰爭有三，第一次我國明萬歷年間朝鮮七年之戰，第二次清代甲午戰爭，第三次民國的八年之戰，其他對亞洲小國侵略不計其數，但倭奴至今不認錯，還說慰安婦是自願的。還準備恢復（正在）軍國主義，真是不知死活！而「圓明園之禍」雖是英國額爾金造成，間接和倭奴國也有關。

額爾金是誰？他是一八六〇年十月十八日，把圓明園珍寶洗劫一空後，又焚毀了圓明園。他的本名叫背魯斯（James Bruce, 1811-1863），爵名是額爾金勛爵八世（8th Earl of Elgin and Kincardine）。所謂「老鼠生的兒子會打洞」，有其父必有其子，此人之邪惡來自老額爾金。

老額爾金勛爵七世，他原是英國駐顎圖曼帝國（Ottoman Empire）大使，他最大的成就是把有二千五百年歷史的希臘智慧女神神殿（Parthenon），精美的所有千年希臘重寶，全部整批整批運回英國，再由政府收購，其實是政府和惡徒合夥的搶劫。至今，大英幾乎所有博物館的寶物，全是由中國、希臘和印度偷（搶）回的，小小三島何寶之有？

身爲中國人要記住每一個國恥，台灣割讓之恥，圓明園之恥，每代的詩人作家都要寫。故詩人劉福智言「它無須翻新，也無須重建／讓它永遠以殘缺的形式／宣示　中華民族的苦難」，警示代代炎黃子孫。

對自己國家民族之歷史、地理、古蹟等文化與自然，有優美動人之贊揚，是養成國民愛國自覺之途徑，這是每個國家的教育單位，都規定國民教育要讀本國史地的原因，甚至重要文學經典亦列必讀或必修。像台灣獨派執政大搞「去中國化」，真是千秋萬世之罪人啊！看看詩人文曉村和秦岳的作品。

九州采風（十二選四）

臺灣・文曉村

敦煌飛天女神

以張開的雙臂為翼
飛向蒼蒼茫茫的天空
把愛憐的花朵

散布大地 散於眾生

龍門石窟大佛

我佛慈悲請你伸手
拯救茫茫苦海的眾生
也教那些貪婪者
早日覺醒早回頭

蘭州黃河母親像

母親名字叫黃河
黃河是中華民族的母親
她哺育我們教育我們
教我們永不忘本

洪洞大槐樹

誰想尋根
請到大槐樹下來
不必燒香　不必跪拜
就能聽到呼喚的聲音

大禹頌　臺灣・秦岳

非仙　非佛　非帝　非王

而你費時九年
三過家門而不入
繞過九座大山
疏通九條水道
圍築九個大湖

而你與洪水搏鬥
渡人
渡己
渡貧苦百姓
渡天下蒼生

是仙　是佛　是帝　是王

是千秋的模範
是萬世的典型
世世代代
受人膜拜
受人尊敬

文曉村先生的九州采風是十二首小詩組成的組詩，此處選敦煌飛天女神、龍門石窟大佛、蘭州黃河母親像及洪洞大槐樹等四首，在中華文化歷史長河中，各有其不可取代的神聖意義。尤其前三者，對凝聚全體中國人的「中華意識」，更有潛移默化的功效。而秦岳的「大禹頌」亦是，編者（劉焦智）對此詩有注說，遵山西省芮城縣宣傳部餘妙珍部長之囑，台灣文學出版社副社長、《海鷗》詩刊總編秦岳二〇〇六年九月下旬，初訪鳳梅公司，參觀大禹渡電灌站。又經重慶、香港回台之後，千里迢迢寄來「大禹頌」一詩，刊本報以饗讀者。

本文從「文以載道」思想爲背景，引潘雅文、台客、晶晶、劉福智、秦岳，共十家詩作。論述其詩其人，在中國歷史文化長流中，所具有文（詩）以載道的功能和意義。關於「文以載道」，再贅數言爲本文之結論。

中華文化發展到唐代，啓動了「三教合一」機制，關鍵人物是唐太宗，而奉命執行者是孔穎達（生北周武帝建德三年，西元五七四年，卒太宗貞觀二十二年，西元六四八年）。孔穎達在「五經正義」明確指出「三教可一」，以儒學爲主，佛、道爲輔，溶合成中華文化的核心思想，此後這種溶合持續達一千年。之後更影響韓愈（七六八—八二四）的「道統論」，開啓宋明理學之先聲，至清代始終崇儒重道，至今廿一世紀初吾國崛起時，全國乃至全球，「孔子風」與儒家文化正在全世界流行。

這種流行，余以爲是一種「中華道統」的傳承。韓愈把這「道統」限制在「堯舜禹湯文武周公孔子……」，這是不夠的。吾人以為，任何中國人（寫作的、開車的、上班的、玩電腦的……），只要他對「中華文化」產生了遵崇、信仰，道統便在他身上，他的作品便能發揮「文以載道」功能。

「舜何人也，余何人也，有為者，亦若是。」不是嗎？只要我願意承擔宣揚中華文化之大任，我便是舜，劉焦智亦是舜，文曉村、台客、金筑、范揚松……皆是舜，都是道統傳承、發揚者，能不叫人肅然起敬呼！

紀念焚毀150年 圓明園出餿主意

【本報綜合報導】今年是圓明園蒙難一百五十周年紀念，管理單位將舉行論壇、展覽等一系列活動，並邀請英法政要參與，被中國網友批為「餿主意」、「數典忘祖」、「在歷史的傷口上撒鹽」。

儘管「紀念圓明園罹難一百五十周年籌委會」副主任愛新覺羅·寶琦表示，紀念活動不是要記仇，而是要記住過去，展望未來，倡導和諧世界，記住圓明園這一文化遺產，但愛國情緒高漲的網友質疑有什麼理由邀請英法官員出席？「一百五十年來，英法兩國至今從未對中國人民說過一句『對不起』」。

香港《大公報》引述網友的反諷表示，「是否紀念南京大屠殺也要邀請小泉來參加以表示不記仇、展望未來？」

另外，圓明園春節將辦一場「皇家廟會」的舉動也挨批。園方的構想是，招商入駐園內，屆時每天都會由演員假扮皇帝率領文武大臣巡街，還安排比武招親、格格選親等具宮廷風格的活動，讓老百姓「體驗皇家生活」。

中國網友反諷說：「在體驗皇家如何吃喝玩樂的時候，是否也要體驗一下被侵略者燒搶劫掠、被迫倉皇出逃的感覺？」、「他們泉下有知，得知後人如此『紀念』，不知該做何想？在大水法殘址前扮皇帝、扮格格，心能安否？」

構想甫出爐就遭惡評，圓明園管理處已經不知道還要不要辦下去。

不要數典忘祖的行為。人間福報 二〇一〇·元·二十·

第三篇 劉焦智私人辦報宗旨現身說法

本篇作者：劉焦智

△抵御一切邪惡最理智最有效的作法：強健自身。

△略論道德教育——我辦《鳳梅人》報的主旨和緣由。

△再論道德教育——理智源于仁德。

△三論道德教育——追尋殘害兒童智力正常發育的真凶。

△盲目盲從茫茫然。

第十四章　抵御一切邪惡最理智最有效的作法
— 強健自身

胡錦濤二〇〇四年十月二十四日在巴西接見大陸及港臺同胞和華僑時說：「大陸和臺灣是一家人，一家人有不同意見可以坐下來通過對話、協商、談判來解決。自古以來，誰試圖分裂祖國，誰就成了千古罪人。」——我只所以要呈遞這個拙文，主要是不想聽美國人在我們處理家務時說三道四，也不想看到手足相殘的局面，因此，把幾年來對「以人為本、構建和諧社會」的學習所得、又加上自己在儒釋道方面的一些收益用於臺海問題，不妥之處，敬請指正。

在臺海動武、把美國卷入戰爭，——可能，這正是陳水扁夢寐以求的。

引子

二〇〇〇年正月初八我的大女兒曉靜出嫁六天之後，時任縣財政局長的老同學杜立法打來電話：「初六去太原開會，昨夾走親戚家路過你村，猛然想起你嫁女一事，——實實是忘記了。」

這種事，在社會生活中屢見不鮮，一般被斥責爲「勢利眼」、「人舔有錢」、「狗咬穿爛」等等。但我卻這樣認爲：如果是縣委書記姚震海，或者是我那個具有上億資產的二弟智強（山西省人大代表），他是斷然不會忘記的。——無官財微沒有被人重視而忘卻，是我劉焦智自己努力不到位造成的，讓同學杜立法承擔名譽及道德上的責任，是不公道的。

如果你的熟人和朋友有幾百或上千，而能夠被你特別重視者，卻屈指可數，——而且還在不斷變化。比方說，你的兒女今年在高中三年級就讀，那班主任、那帶課老師及校長，無疑處在被你重視的範圍中；明年上了大學，重視圈裏就換人了。

因此，可以得出結論：不該占有被人特別重視的榮譽和地位，企圖強行占有而采取的一切作法，與低收入卻想高消費、只好乘夜間出沒的強盜無異，不僅達不到目的，而且四處碰壁。

臺灣形勢嚴峻，陳水扁臺獨可憎。但我們是否可以設身處地的想想：具有二千三百萬人口的臺灣，據說有百分之三十的民眾支持臺獨。——而獨立之後能夠當上正副總統或其他政府官員的，只有極少的幾個人，爲什麼竟然有百分之三十——七百萬人支持他呢？誰不知道做大國的公民有多神氣、多安全，爲什麼願意脫離母親的懷抱、在遠離祖國的茫茫東海與南海之間去做一個無依無靠的、小國的公民呢？

基於上述《引子》中的觀點，我認爲應該從自身尋找原因：六十年來大陸上對富人政策不公、又加上十年浩劫、官場腐敗嚴重、治安狀況差，給陳水扁送去了百分之三十的支持率。——在這百分之三十——七百萬人中，隨便是個人都能明白這麼一個淺顯的道理：如果一九四九年建國前後用武力收復了臺灣和香港，亞洲四小龍，還能是如今這四個嗎？和平統一，在臺灣采取香港澳門「五十年不變制度」的模式，那麼，五十年後，到了我們的兒子、孫子、曾孫手裏，可又怎麼辦呢？——這六十年來在我們大陸上發生的一些事，實在讓人不寒而栗：現在居住在臺灣高雄、從臺灣政界退休、八十一歲的石臨生老先生，是我們山西芮城縣東壚鄉坑南村人。他的父親石和軒曾在上世紀二十—三十年代擔任過山西省右玉縣縣長，他的爺爺石仲珊過生日，曾得到中華民國大總統黎元洪、山西省長閻錫山親筆題寫的匾額。而這個做過縣長、在抗戰前後曾任芮城縣參議長、對抗日戰爭和鄉村建校有過貢獻的人，不僅在解放後因「歷史反革命」坐牢多年，而且，竟然在一九六〇年因挖吃了幾個蔓青被村幹部迫害致死。石臨生的大哥解放後任西北大學教授，文革中因家庭出身被開除回家多年，後來復職；石臨生的弟弟石玉生是我完小六年級班主任老師，文革中因「海外關係」差點被打死；石臨生最小的兩個弟弟因爲「地主」成份問題，現在雖七十多歲了，竟然沒有結過婚！（據說改革開放、取消成份論之後，其中一個弟弟五十多歲後才娶了個帶小孩的寡婦）。前幾年石臨生個人投資十幾萬元，給家鄉建了一座教學樓。——順便提及。

胡主席多次說過：臺灣只要不獨立，什麼都可以談。

如果我們的國家領導人公開向世界宣告：香港和澳門，鄧小平原來訂的是五十年不變，但是，五十年後如果港人澳人認爲哪一種制度好，可以順從民意；臺灣及大陸的十三億人民如果認爲什麼制度有利於發展，也可以采取；如果認爲多黨執政優點多，以人民的意願爲準。一句話，只有一個永恆：「人民利益高於一切」。——這一點是永恆的，再沒有任何永恆不變的東西。我們領導人自己，是人民的公僕，沒有什麼丟不掉的個人利益。雖然由於國家大，說時容易做時難，自然一時不可能做到盡如人意。但我還認爲，這一屆國家領導——尤其是胡主席和溫總理——目前在世界上的具有的威望，只要說到了，陳水扁的支持率，就會直線下降。

再者，臺灣當局對待在我們民族那一段歷史上建立過豐功偉績的蔣介石父子，采取的那一系列極其不公道、極不明智的舉措，也爲我們提供了乘虛而入的機遇。魔高一尺，道高一丈：如果我們在大陸開展一次愛國主義教育，對推翻清王朝、反對袁世凱稱帝、打倒軍閥、統一中國、消滅日寇那幾十年歷史中所有有功勞的歷史人物予以公道的評價，並且大力宣傳、引起國人對他們的懷念。——這樣做，有一石兩鳥的作用：不僅可以激發起十三億人民——當然包括二千三百萬臺灣同胞在內——的愛國主義熱情，而且，讓世人——尤其是讓臺灣人民看到我們這一屆政府一心爲民、尊重歷史、尊重事實的真相，自然就加大了對統一之後的希望；還有：這種還民國政府以公道的宣傳影響到島上，對於國民黨二〇〇八年贏得大選、重新執政，無疑也是有益的。

丁亥年四月二十九寅時、卯時

於鳳梅五金店微型辦公室

網址：http://www.sxrcfm.com/blog/
E-mail：fmjt_88@126.com
郵編：044600
電話：0359-3080255（兼傳真）3080038　手機：13834706886
地址：山西省芮城縣東大街金果建材市場鳳梅五金店

第十五章　略論道德教育

——我辦《鳳梅人》報的主旨和緣由

一提說道德，人們立即就把這個詞與損人利己、禽獸男女、虐待父母、出售假貨等醜惡現象聯系起來，好像僅僅只有這些。

今年正月初四，我和東張醫生董允榮先生在北京聽了殷昆教授一日的講課，其中有一節，是從甲骨文的結構入手，講到了道德。「道」者，很簡單，就是道路。在原始社會，到處是森林、河流、草原或亂石灘，沒有道路。有了部落首領以後，爲行動方便起見，帶領大家修路、開道，才有了道路。

引骨文中的道字，我至今沒有見過，只聽殷教授講，中間是個「首」字，兩邊及下邊還有一些很麻煩的筆劃。

——這就是說，首領，即後來的皇帝、王爺、總統、巡撫、縣長、文書、經理等領導人物，應具備的基本道德，就是吃苦走在百姓前頭。——所謂走在前頭，就是說，連

「同甘苦、共患難」也不宜。

越王勾踐，自己臥薪嘗膽、十年生子、十年練兵，才雪了國恥，消滅了吳國；二戰中，英國首相丘吉爾、美國總統羅斯福等等，指揮了不少海陸空戰役，有時甚至親赴戰場，才打垮了納粹德國；中國不少領導人，帶領人民艱苦抗日，才趕走了不可一世的東山狼日寇。

秦始皇、隋煬帝、晚清的道光等等，只所以短命，就是因爲作威作福，只顧自己享受，只考慮自己的政績、無視百姓疾苦，走離了大道，失了民心，才丟了江山，嘗到了苦果。尤其是咸豐皇帝，處在年富力強的三十歲，卻無半兩陽剛之氣，面對英國人的進攻，以一國之君，不思帶領人民英勇抗敵，而是貪生怕死，奔逃熱河。甚至，失道失到這般地步：京城人民身陷火燒圓明園的水深火熱之中，自己竟然不知恥辱地貪戀女色，近乎三教九流、下三濫之類，害人又害己，不僅在承德三十歲喪命，而且，動搖了國本。

鄧小平采取分田到戶、四類分子摘帽子等措施，二十六年的巨大成果，抵得住西方國家五十年——一百年的發展，就是因爲順了天道，得了民心；胡錦濤、溫家寶一屆政府，采取了一系列爲民措施，更是把「天道民意」洞察得清清楚楚，已經和正在帶來有史以來從未有過的輝煌。

在我們日常生活中，應對自然界及周圍環境的言行，「得道」者與「失道」者，結果也不一樣。比方說，你栽植了一苗豆子，豆蔓長出了二三十公分之後，在旁邊插個棍子，僅僅一個晚上，那蔓，像有靈性的小蛇一樣，纏住棍子長了上來，並且，把豆角源源不斷地供應給你——因為，你掌握了大自然中這種豆子成長的知識，得了這個道，自然有所得。（「德」與「得」在這裏是一個含義。）相反，如果你用濕土壓瓜蔓的辦法對待豆子，便是背離了這個領域的天道，就叫不道德，自然無所得，只能有所失——連種豆子的成本也收不回來了。

再比方說，您想靠養豬發財致富，你就必須首先弄清：小豬在過了滿月、斷了奶之後的一段，以及二三十斤以後的各段，到底喜歡吃什麼？用什麼食、怎麼喂可以快長？——不是弄清以後去適應，而是憑主觀意志去強求，就是違背了天道，就是不道德，也就不能有所「得」、只能有所「失」了；我們西陌鄉小洞峪人幾十年前把梨樹栽到山上，背離了梨樹開花那一段，山上風大、果花被刮落、不易成果的天道，因而無所得，——大部分樹上無果；我村不少柿樹栽在大塊地的中間，背離了柿樹根部需要多見陽光的天道，因此，很大的樹上竟然只能見到三五個柿子，因而無所得；棗樹栽到堰邊，不僅結果少，而且，常常葉子發黃而死，——背離了棗樹多需水肥的天道，……。

由此可見，向來被人認爲是深不可測的知識，其實最簡單：遵循大宇宙運行的規則，掌握大自然的規律，就達到了天人合一，就得了天道，就叫道德高尚。土地歸個人後農民幹勁大、產量倍增，驗實了這種辦法合了天道；四類分子摘了帽子以後，沒有去造反，而是苦幹於自己的責任田，爲社會發展作出了貢獻，也證實了這一點；冬季外邊冷、需要穿棉衣；夏季的雨天，出門需要打傘；日落而息、日出而作，比之晚上幹活、白天睡覺要舒服得多，如此等等。——分明是大自然中的一個粒子，自己這個肉體生成和死亡的過程也受著自然規律的制約，卻由於外因作用下偶然得志而不可一世，以爲自己的天才可以左右大宇宙運行的規律，誰去敗亡、誰去勝存呢？

在社會的細胞——家庭中，也是一樣。即使你的父親曾經違法亂紀你卻是一個不可缺少的「人才」，但是，沒有那個「壞人」許多年前的辛勤勞動，哪來你的五尺之軀？一肚子文化？因此，不論他如何受到國法懲治，也不論他如何地聲名狼藉，把他養老送終，是你說什麼也推不掉的必須，——而且，還應當在心情舒暢、和顏稅色中進行。如果做不到，便是背離了天道，就是缺了德：你的下場、兒女的前途就要一步一步地下落，甚至，還有意想不到的災難。

目前社會上盛行的賣假貨、哄熟人、騙親戚、言而無信，以騙爲榮、掏錢買官、買好之後又欺榨百姓、不僅想收回成本、還企圖借權發橫財等不良現象，不僅不道德，甚側還觸犯了刑律，——不用說，走離了正道，——進入路壕、荆棘或溝台之中，不是死，便是傷。因此，不論非道德之徒一旦得志，眼下如何地猖狂，如何地不可一世，如何地有人巴結，但是，可以斷言：下場決不能好。我們周圍發生的、中央電視臺《法制線上》每天公布的這些和那些，已經證明得再清楚不過了。——而且，歷史的發展，還在進一步地、不斷地證明它。

帶來這些醜惡現象的根源，不在我，也不在你和他，而是從民國九年胡適之建議當時的中央教育部廢棄了文言文，提倡白話文，完全崇媚外，讓西方文化：競爭——鬥爭——戰爭三部曲思想占了上風。「生意場上無父子」這種西方的禽獸文化被堂而皇之地擺在供桌上，致使規範人類思想品德的《四書五經》等祖先的經典著作，我們不靠翻譯而不能懂，造成了道德的缺失，致使動物本源的那種自私、爲己、貪婪、無情無義等不道德行爲，充分地暴露出來，帶來了今天這種雖則比較富裕、但卻不安寧、不和諧、爾虞我詐、處處陷阱、防不勝防的惡作劇：青少年犯罪率上升、考場行私舞弊而不以爲恥，明星作廣告去掙黑心錢、開車撞死人逃之夭夭，借美容植金膈不義之財，從那些比自己窮百倍的百姓口中搶食，而毫無憐念同情之心，甚至吃人肉、喝人血養成了習性……，這種文化的發源地——西方世界，更加嚴重百倍：伊拉克、伊朗、美國、以色列、哪一個不是先進富國？何以戰爭、恐怖接連不斷？就是這個道理。

如果說，從現在開始，在教育方面，我們順了天道，讓我們三兩歲的孩童從小絕去與流行音樂、武打片子、摟摟抱抱、半裸電視的接觸，在他們心靈成長過程中，在這個最容易接受知識的十年裏，灌輸《三字經》、《唐詩三百首》、《四書五經》等儒家傳統文化，長大後讀經典時，像我們閱讀現代小說一樣地流暢，——這樣，就使他們在身體成長的同時，心靈也得到了成長，從小養成了仁者愛人、吃虧忍讓的習性，樹立爲國爲民而不惜奉獻一切的壯志，具有悲天憫人的情懷。——這三十年以後的世界，不就成了另一個樣子了嗎？

而現在，從小到大的各個學校裏，盡管老師和學生盡心又盡力，卻只抓了肉眼能看見的成績和分數，只關心自己的職稱和獎金，——即眼前的利益。使孩子們心靈深處的爲己、自私、貪婪意識隨著年齡的增長而不斷膨脹，明明顯顯地違背了天道：身體在健康地成長，而心靈、思想意識、道德品質，卻成長得並不健康，甚至是殘疾的。後果，只能是我們現在所看到的這樣：青少年犯罪率，伴隨著這些人個子的不斷高大、拳頭力量的與日俱增、性功能的日漸成熟，而迅猛、而同步地上升起來。

淨空法師講道：僅僅只有三億人口的美國，每天青少年犯罪案件竟高達七千萬！——而該國的青少年，一個不剩地清點下來，還不知道能不能達到此數！——不要忘了：每天！——教育政策違背了天道，引導兒童爲自己名利、而不是爲國爲民去奮鬥、去競爭，因而只求利、急發財，終於嘗到了苦果，受到了天譴。道理太簡單不過了：㈠沒有進行道德教育，不懂得什麼是道德，就不可能作出道德規範之後應有的行動；㈡從小就開始用激烈競爭、一心爲己思想武裝起來的青少年，一旦欲望得不到滿足，作出非道德、甚至非法的事，乃是順理成章的必然，應該能夠料到才對；㈢欲望得到了滿足，從而有了較強的經濟基礎以後，孩童時期就在大腦裏播下的那種爲己而不惜一切、達目的不擇手段的種子，勢必要用這種經濟基礎做水肥，而快速地成長壯大起來，小則偷搶殺人，中則貸款辦大廠、靠吹牛皮廣告銷售既次又貴的貨，大則發動戰爭……。——這方面的例子，不需要我費口舌，隨便是個人也能從眼前和周圍，從國內和國外，從古代和現代，一口氣說出許多來。

結論，已經很明顯了：

——不道德之人、用不道德的手段取得了金錢和權力，只能、而且僅僅只能繼續以錢權作本，去從事危害別人的、不道德的業績。——還是更具規模地危害；

——只有道德高尚的人，才會在良心許可的範圍內取得錢權。而且，又會把錢權用到有利於國家和人民的事業中去，給百姓帶來更大的福澤；

——從剛出生開始，就絕去糟粕文化對嬰兒大腦的侵入，從三五歲開始，就在課堂上用祖先的傳統文化、道德理念去灌輸，道德高尚的人，自然而然地，就產生出來了。

寫到這裏，我忍不住振臂高呼：孔孟儒家文化、道德理念，從三兩歲的孩童開始抓起，刻不容緩！

——只是不知：應者還有幾人？

初稿：丙戌年六月十五日寅時、卯時、辰時

二稿：丙戌年六月二十六日寅時、卯時

三稿：丙戌年七月初五寅時、卯時

於金果市場鳳梅集團微型辦公室

網址：http://www.sxrcfm.com

E-mail：fmjt_88@126.com　郵編：044600

電話：0359-3080255（兼傳真）3080038　手機：13834706886

地址：山西省芮城縣東大街金果建材市場鳳梅五金店

第十六章　再論道德教育

——理智源於仁德

寫在前面：在本文中，爲闡明「理智源於仁德」這個觀點，我試圖引證希特勒、墨索裏尼、東山狼日寇等人的悲慘結局說服讀者。但是，就在我於今晨寅時起床構思、動筆寫文勸善的這會，不良傾向者還在不良，欺詐百姓的行業還在欺詐，腐敗分子還在腐敗，——他們似乎用一迭迭肉眼就能看得見、摸得著的不義之財——鈔票，作爲「有力」的證據，去證實非道德行爲更有利於取得錢財、得到尖端享受的「永恆」。因此，有必要預先提醒：希特勒用汽油自燃，墨索裏尼那血淋淋的人頭被掛在城樓上，東山狼日寇在東京被拉上了絞架——這一切，發生在他們不仁德、不理智的幾十年之後！而且，在當代！

在規範人類道德行爲的《論語》第四篇裏，孔子說：「不仁者不可以久處約，不可以長處樂。仁者安仁，知者利仁。」譯文是：「沒有仁德的人不能長久地生活在貧困之中，也不能長久地生活在安樂之中。只有仁德的人，才能安於仁德；只有聰明的人，才能利用仁德。」在我們日常生活的周圍，常常可以看到：某人雖則出身寒苦，雖則自身素質低下，卻由於外部原因而引起生活水準、社會地位有了提高，便張狂起來，作威作福、好吃懶做，甚至借錢權欺壓百姓；剛解放時，有些出身卑賤的地痞流氓之類，混入農會，肆無忌膽地欺壓別人，甚側公然把地主富農的老婆據爲己有，膽敢在光天化日之下，堂而皇之地出入地富老婆的臥室，爲非作歹；有些本來比較富有的人，甚至還是文化人，偶遇天災人禍，陷入經濟困迫，由於缺乏仁德，喪失了人格和尊嚴，全然不顧先師孔聖的門面，爲了飽腹、爲了財利而低人八輩，甚至淪落爲盜賊者也屢見不鮮。

所謂真正的有仁德，就是要具備高度的文化教養。所謂文化教養，說的是我們祖先的傳統文化：《三字經》、《四書五經》、《資治通鑒》等等。根本不是某大學的學歷、也不是從某國得到的那個學位。——二〇〇六年二月二十四日卯時（6:30 分），中央電視臺《讀報》時間裏，披露了這樣一件發人深省的事：在英國倫敦，各國留學生用自己的《身份證》登記一下，不付分文，便可取用一部手機，打夠了相機於該手機實際價格的話費時，這手機便歸了個人所有。但是，卻又單獨規定：中國留學生，先要付清現金。

爲什麼呢？因爲有些留學生把人家騙慌了！——如果騙著只有極少的一兩個人，值得如此規定麼？——這些道德品質低下的民族敗類，難道不是大學畢業後才去出國留學的麼？！我的父親，在我們村、在我們家鄉周圍幾十裏的那一帶，是以「大仁大德」而出了名的。鄉鄰之間磕碰，夫妻偶爾不知，婆媳發生口舌，這家買豬羊牛馬，那戶嫁接果樹，只要有求，必然有應，不僅不計報酬，而且，放下自己的事，先幫別人。他不會說濃墨重彩的話，只會說：「張口容易閉口難。」而今，他去世已經十五年了，人們還時常懷念他，甚至，自感內疚而抬不起頭、張不開口的，正是欺負過、甚至打罵過他的人。而他，卻是一字不識的。甚至連自己的姓名：「劉開珍」這三個字也不能寫好。——那麼，這仁德從何而來呢？因爲：在他出生之前，我們中國人的歷代祖先，把孔孟的儒家文化、傳統道德已經貫穿得養成了生活習慣，雖則沒進課堂，卻受周圍環境的熏陶，自然長成了有仁德的人。而如果環境中盡是些橫流的物欲，爲己、自私和欺騙，課堂上只有分數和競爭，——距離仁德，只能是越來越遠了。

由此可見，不論他讀了多少年的書，也不論他畢業於什麼學校，更無需管他有什麼學位，只要沒有從小用我們祖先的儒家文化、道德理念去灌輸，沒有受高尚道德的環境去陶冶，僅僅只是在私欲的刺激下，爲了尖端享受的個人「前途」——而不是爲了國家和人民的安危禍福——去拼搏，所獲取的那個掩人耳目的「文憑」，仍然與仁德無緣。

怎麼做、做到哪些，才算有仁德呢？在《論語》第十二篇中，孔子說：「己所不欲，勿施於人。在邦無怨，在家無怨。」譯文是：「自己不喜歡的事物，不要強加給別人。在朝廷做官沒有抱怨，爲大眾辦事也沒有抱怨。」比方說：

——有仁德的人，自然也就明白：自己如果作爲商人，不願意承受被人騙走了手機的後果，自然也就不會把別人的手機拿走而不給回音，因爲：「己所不欲，勿施於人」；

——有仁德的人，自然明白工薪階層收入不高、購房不易，自己作爲木工、油漆工，能掙上工錢就不錯了，也不可能爲得到無義之財——回扣錢，而把用戶引到次品材料店、與次品老板合伙坑騙人家，因爲：「己所不欲，勿施於人」；

——有仁德的人，絕不可能眼看著自己的父母和長輩去出力流汗而只顧自己消遙自在，或者，找個什麼籍口逃避體力勞動，偷懶躲奸，因爲：「己所不欲，勿施於人」；

——有仁德的人，不可能僅僅爲自己得到一點銅臭而誘騙至厚親朋去蒙受幾點的損失，——買保險和傳銷貨，因爲：「己所不欲，勿施於人」；

——有仁德的人，不可能爲了個人私利，明知別人的病不在那個部位、卻欺他外行、多開幾個化驗單或B超單子，給本來病痛中的人再加痛苦，因爲：「己所不欲，勿施於人」；

——有仁德的人，作了校長和教師，明白著小孩在城裏本來開支就大，其父母供兒子上學也很艱難，因而，也不可能讓別人的小孩掏錢買些無用的東西，校服沒用多長時間也不會強迫學生掏錢再制，因爲：「己所不欲，勿施於人」；

——有仁德的人，不可能見了辛苦勞動、且收入低廉、明顯可憐的老百姓而毫無憐念同情之心，找個岔子狠割猛宰！因爲：「己所不欲，勿施於人」；

——有仁德的人，自然明白別人也和自己一樣，出了門、離了家、得不到親人的關懷和溫暖，人生地不熟，有多少不堪忍受的痛苦，因而也不可能見人家是外地人、外地車而狠狠地坑騙，因爲：「己所不欲，勿施於人」；

——有仁德的人，不可能明明白白地知道自己印制的那些書根本就沒有人愛看，分明與垃圾無異，自然也不會厚著臉皮東家十本、西家一捆地給孔門丟臉，因爲：「己所不欲，勿施於人」；

……。

那麼，是不是說，僅僅懂得了「己所不欲，勿施於人」，僅僅在言行中說到或做到：「自己不喜歡的事物」，也不「強加給別人」，就可以稱做一個「眞正有仁德的人」了呢?在《論語》第六篇中孔老夫子告戒我們：僅僅做到這些，還是不夠的。他說：「夫仁者，己欲立而立人，己欲達而達人。」譯文是：「真正有仁德的人，自己站得住腳，也幫助別人站得住腳，自己想到達到的，也幫助別人達到。比方說，自己騎上了摩托、坐上了小車，總想設法讓弟兄、親朋、鄉鄰也騎上、也坐上，因爲：「己所不欲，勿施於人」；真正有仁德的人，到外地吃到什麼味道獨特的飯菜和瓜果，馬上就想到讓父母、老婆、孩子和員工們也同吃共享，因爲：「己所不欲，勿施於人」……。

如此說來，真正有仁德的人，似乎總在替別人著想，是傻嗎?恰恰相反，正是由於具備了仁德，才有了理智：作爲飯店、企業或商店的老闆，只要真正具備了仁德，就會從心底裏——而不是當作手段——把每個員工也當作自己的弟兄或兒女一樣去關愛，日久了，天長了，員山也會把你當作弟兄或父母去尊敬的。因此，根本用不著像防賊一樣前後去防自己的員工，——道理很簡單，只要他發現你已經真正把也當弟兄或兒女看了，那麼，他把你當弟兄或父母看待的程度，無疑也就達到了真正。相反，如果你與自己的兒女享福而不幹活，只讓員工們下苦、又在生活上另眼看待，到外地捎買了好些的食品，一口也不讓他嘗到，他怎麼能與你同了心呢?——這天平的兩端，是一兩也不能差的。

說到這裏，有必要講清這樣一點：在一個井井有序的飯店、企業或商店裏，保持領導與被領導之間的界線和區別，是必不可少的。但並不是說，不具備真正的仁德、也沒有什麼領導能力、更不在領導位置上、僅僅只是因爲他是領導的兒女或親戚，——這些人，也可以裝出領導的架勢去欺侮別人，也可以依仗父親的權力去作威作福，甚至吃喝嫖賭！——哪個飯店、企業或商店裏出現了此類，我敢斷言：可以倒計時了！不相信嗎？去問一下秦二世胡亥、建興帝劉禪（阿斗）、隋煬帝楊廣，他們能用自己亡國的教訓給你講述的有血有肉。他們用自己不仁德而不理智、以害人開始、以害己告終的親身經歷，給後人聳立了一個「不仁德不得善果」的警示牌。

這些年來，一個又一個的孔子學會、孔子研究會、孔子學校，雨後春筍般地出現在世界各地，究其原因，正是由於西方世界的有識之士已經認識到：我們中國的孔孟儒家文化，可以把他們從戰爭與恐怖中解救出來。——在這些方面，也有「不仁德不得善果」的警示碑聳立在他們身邊：二戰中的希特勒、墨索裏尼和日寇，他們那種喪心病狂的、不理智的行爲，不正是來自於不仁德嗎？薩達姆出兵科威特、用武力把一個主權國家變成他下轄的一個省，是仁德嗎？上個世紀八〇年代中期，英國首相撒切爾夫人訪華，鄧小平派人與他談香港主權收復一事，她說什麼：「中英不存在領土問題。」——似乎香港本來就是他祖先留給她的，根本沒有商量的餘地！是仁德嗎？

不仁德不要緊，受害者，首先是不仁德者自己。上文說過，理智來自仁德，不仁德者，注定要嘗到不理智之後的苦果：喪失理智的墨索裏尼，被人把頭割掉掛在了城樓上；希特勒接受了教訓，死前留下遺囑：自殺之後讓部下用汽油燒毀了自己罪惡的屍體；東山狼日寇，留下了幾百萬屍骨讓中國的烏鴉犬飽了口福，曾經威風凜凜的頭目們，在自己的國土上被別人送上了絞架；撒切爾夫人回國後，鄧小平與某一個極普通的外賓談話時，似乎只是隨便說了一句：「我們一定要在一九九七年七月一日收復香港」。她聞訊後，立即派人與我們談判歸還香港的具體事宜。——如果她當初具備了仁德，自然明白；這土地本來是別人的，條約不管合理不合理，反正時間到了，就應該歸還給人家，——這種仁德，也就產生了理智，就不至於在別人的強硬之下，去白白地丟人現眼。而這個靠選舉產生的首相，其文化程度，是絕不會低的，——至少是牛津、哈佛、耶魯大學那一級，但卻由於缺乏仁德導致了不理智，在大英帝國的歷史上寫下了不光彩的一頁。

在我們日常生活中，與人交往中，企業管理中，什麼是屬於我的？什麼是屬於別人的？什麼是我的勞動所得？什麼是不義之財？什麼是我該說的和該作的？什麼是不該說的和不該作的？——在處理任何或大或小、或自己或別人的事情中，只要具備了仁德，自然就有了最理智的辦法產生出來，所說出來的話，就爲人民大眾所樂聽；所拿出來的辦法，也就爲人民大眾所樂從。

我們的當家人——胡錦濤、溫家寶一班人采取的一系列富民政策，之所以受到十三億人民的擁戴，正是由於他們是仁德的，因而也是理智的：農民不繳稅了，有本錢發展了，富裕了、有了錢之後，去買摩托、去買計算機、去買汽車，去各地旅遊，我們的計算器工業、汽車工業、旅遊業不就紅火起來了嗎？——到那時候再回過頭來，看一眼兗去的這些，才終於明白：是微不足道的。——外表上的「無爲而治」，其實，才有大作爲。——而這些理智的舉動，來自於仁德，不僅是仁德，而且是大仁大德。

一稿：丙戌年前七月二十一日寅時、卯時

二稿：二〇〇六年八月十五日八—九點（抗戰勝利六十一年紀念日妄圖復燃的死灰——小泉，參拜靖國神社日）

於鳳梅金果建材總庫微型辦公室

編後話：前不久，中央電視臺十套節目《講述》一欄，研究第二次世界大戰中日本偷襲珍珠港一事，聘請的一個專家說：日本那種島國的地理位置，注定了它不可能產生出卓越的、有雄才大略的軍事人材和政治家（原話不很準確）。——為什麼呢？請有興趣、更請專業知識的讀者各抒己見，寄給本報。

第十七章 三論道德教育

——追尋殘害兒童智力正常發育的真凶

寫在至聖先師——中國古代偉大的教育家孔子 2557 誕辰——公元二〇〇六年九月二十八日早上三—七點；二稿改在山東曲阜孔廟、臺北孔廟、臺南孔廟、浙江孔廟祭孔次日早上五—八時。

在我們生活的周圍——農村，常常會看到這樣一種情況：弟兄兩三個或四五個的家庭裏，作爲長子的老大比其它一個或幾個低出不少的一截，再仔細問一下，個子低的這個老大，年齡絕對在四十四歲以上，爲什麼呢？因爲：在農業社、集體化時代裏，他家人口多、而勞動力少，在身體未發育成熟的十八歲之前，不得不替父親承擔起了超負荷的體力勞動，影響了個子的正常成長，不然的話，爲什麼其它一個或幾個弟弟卻能按照父親的遺傳基因成長得比較合適呢？

說到這裏，我想起了自己小時候跟著父親、看他嫁接果樹的一幕和一幕：當成活了之後的果樹在三兩年裏長到大拇指粗的那個春天，見到了三五個花蕾，我們弟兄幾個高興死了，因爲：吃果有望了，——但是，父親卻把花子摘掉扔了去，可能，爲消除我們失望的情緒起見，他才說：「樹太小，讓他結了果子，就累著了。」第二年又有稍多一些的花蕾，仍然摘掉，到了第三年或第四年，便可以收獲五六十斤果子了。

如果說，爲了前兩三年那加到一起可能只有三二十個果子的眼前利益，讓樹身在成長期裏受了累，因而長得細，樹冠也小，可能，不光是三兩年之後、而且是永遠的薄收。

四十多歲的低個子老大已經長成了，「農業社」也成了永遠回不來的歷史，果樹方面的知識，農民朋友比我知道的更多，農民以外的人，也不需要知道它，那麼，我說這些、寫語些，有什麼用呢？

——如果不是相當的必要，我便不會以這五十六歲、並不健康的老壯之軀，在這「秋來了，夜裏涼」的寅卯時分早早起得床來，去白白地浪費筆墨紙張了。

果樹，可以同時栽植兩個，去作肉眼能看得見的實驗；老大的個子受了影響，稍一點撥，也足以能夠讓田無知和牛裝畫信服，而我們 學校在兒童智力成長期裏所實施的殘害，以及殘害到什麼程度，肉眼卻看不見，因此，只能從自然界裏另一些肉眼能看得見的方面去論證。

臺中師大教授王財貴二〇〇一年在北京師範大學兩個小時的講演中，曾這樣講道：數學知識，隨著老天爺讓人一天又一天、一年又一年的成熟，到了一定的年齡上，自然就能會，而在他身體和智力還沒有成長到那個階段上，違背天道、去人爲地苛求，是「殘害我們的幼苗」。

王教授講道：在美國，初中才學四捨五入，才學加減乘除，才學三角形、正方形的面積才學七之二等於三又二分之一，等等。——不要忘記：那是一個目前在這個星球上科學最發達的國度。這個國家，每年總出四千四百七十八億美元（折合人民幣三萬多億），去作戰爭開支也不在乎的。——至於戰爭是否正義，是否公平合法，不是我要討論的主題。

我所感到痛心疾首的是：我們不少炎黃子孫，走出了國門之後，沒有去學習別人的科學技術、科學教育、科學管理，而只學人家祖先遺傳給他們的那個金發和碧眼！發現了自己經濟落後於別人的現實之後，不去追尋導致落後的真正原因，並從源頭上治起，——哪怕在有生之年治去一點或幾點也好，——而是怨恨自己祖先的生理機能：黑發！並作了自我修整和中途的嫁接和移植，——移向西洋根基下作了奴婢！

王教授又打了這樣一個比方：完小五年級有一道數學題弄不懂，老師說：「不要緊，先放下，過幾年再說。」——幾年之後，到了初中一二年級再把那個這幾年根本就沒有學過、塵土也積了厚厚一層的題重新翻出來，掃去塵土一看，他會大吃一驚：「啊！這麼簡單的題，我原來竟然不會！」——爲什麼呢？「因爲他成熟了」。

但是，在我們目前教育制度管理下的教師先生，卻在兒童幼小、根本沒法理解的情況小，去批評：讓他在全班同學面前丟人、傷自尊心——殘害；放學時留下來，不準他回去——再殘害；讓家長在小孩回到家後「配合殘害」！

道理很簡單：智力受到了殘害，受損失的是這個兒童的終生，而馬上用分數顯示出來的成績，直接關係到這個教師個人的獎金和職稱。——如果小孩三五年以後再弄懂了這個知識，眼下這個教師，能多出一分錢的經濟收入麼？正是因爲「我」的利益要受損失，而且該損失是你這個學生帶來的，因此，你別想回去！別想吃飯！別想睡覺！

我是父親四十歲「東廟燒香」、「西廟打掛」之後才得到的第一個晚子，因而受到父母的慈愛，在上學期間，也發生過被教師「訓整」的情況，父母在忍無可忍時，便去找老師，有時好說，有時吵嚷，——而被農村人奉爲「先生」，外表「體面的人」，不願意讓農村衣著與膚色的家長找上門來，去「丟面子」，這樣，對我便管的少了，有時甚至乾脆不管，任其自然。因此，在三四年級、五六年級升級時，還發生過幾乎留級、由大姐根當出面給老師送個小禮才勉強升了級的「醜事」。（大姐劉根當電話：0359-3032390）。

但是，到了初中，我的數學和外語卻從來沒有見過九十九分！甚至，九十分鐘的考試卷子常常十分鐘交卷，在全縣重點中學之一——陌南中學23班，考試取得第一名也屢見不鮮。——這個奇跡是怎麼產生的呢？也只有這幾年鑽研儒學、探尋兒童智力受到摧殘、需要保護的知識學到了今天這個份上，我才可以自豪地說：我的父母保護了自己兒子的智力，使之在成長期裏沒有受到摧殘和迫害：六七歲乃至十歲左右的兒童，他們的智力，正如有些植物一樣，雖則長到筷子一般的粗，但是，用大拇指一掐，便冒水、便齊茬地斷了。——在這個時段，是讓他去承受超重的負荷呢？還是需要保護？！現在健在的完小老師石玉生（電話：0359-3028647）、初中班主任老師黨庶民、校長陰中哲、教導主任郭建民（電話：0359-3022896）以及大批的同學杜立法、張全旭（電話：0359-3231334。注：與我同班共十年：七—十七歲）、王養增等等，都可以證明這一點。

那麼，是不是說，父母是因爲沒有文化，沒有他們那些教師「本事大」而驕慣自己的兒女、使之不能成才呢？答案是否定的：有一個暑夏，父親發現豬窩太熱，爲了給豬娃降溫，擔了一擔水往豬圈裏潑之前，叫去了我：「焦子，把你的樸克拿來讓我看一下。」

當我拿去給他後，他把五十四張撲克從盒裏掏出來放在左手上，扯兩三張，用右手扔到豬圈裏，再給上邊潑一瓢水，然後再扯、再扔、再潑，直側扯完扔完爲止。——那時候，我除了掉淚之外，還懷恨在心的。但是，爲什麼，四五十年之後回過頭來，又不恨、甚至還感恩了呢？前幾天在我的鳳梅公司金果大庫裏舉行的「海峽兩岸倫理道德研討會」上，不是還掛著他老人家1.93米的大幅畫像嗎？不是還請來了完小老師石玉生、初中老師陰中哲、熟建民、黨庶民嗎？——爲什麼教給學生們一些知識，馬上就非要得到一些經濟收入不行呢？爲什麼不能讓他們成了有用之材之後，再受天良的驅使、再報師恩呢？

父親雖然一字不識，不懂王財貴教授所講的那些知識，但是，可能由於他弄通了自然界裏各種果樹、莊稼、以及豬羊牛馬的知識，所以，言行比我們弄在不少教師更理智：既然他能明白指頭粗的果樹結幾個果子便「累著了」，難道他不明白八九歲小孩被整得似「鱉欺」（地方方言。意思是：在權勢階層的欺壓下忍氣吞聲、不敢言語）一般、嚇得戰戰兢兢、還一直苛求很難理解的教學知識，這樣做，是在授課呢？還是在殘害？對小樹尚且知道心疼，對自己的兒女就更不用說了。自然科學與人類社會的科學，區別本來就不大；人，本來就是自然界裏的一部分。由此可見，父親這種「理智」的言行，「源於仁德」。——只要缺乏仁德，對有困難、甚至很可憐的人，沒有同情之心，便表現不出理智的行爲，所露出的面目就是猙獰的，所拿出的舉措呢？自然也是殘無人道的。

幾千年來祖先念念不忘「慣子如殺子」的教誨，絕不是要求父母在兒童智力沒有成熟到那個時段上便去「拔苗助長」，爲了讓父母在人前、主要是在老師面前多一些榮耀，而與老師合伙迫害自己的孩子。在這個階段上，家長雖則不一定有文化，不一定會輔導孩子的學習，但只要把孩子監護好，高度地重視孩子們道德品質的成長，其中包括以我爲中心、好吃懶作、打人罵人、偷人東西、迷戀網吧、愛看武打、半黃電視等等。

由王教授宣導，從二〇〇一年在臺灣已經有一百多萬兒童所讀的「經」——三字經、四書五經等等，朗讀那些「之乎者也」，雖則困難，但它與數學不同的是：不需要思考也無需理解，死記硬背即可，在這個記憶力最好的年齡上給大腦裏儲存了知識，雖則馬上理解對了，但往後的五六十年、甚至七八十年裏，可以慢慢地「發酵」、「開花」、「結果」。到那時，開口成章；到那時，下筆千言。最重要的，還不僅僅如此：從小讓經典著作中蘊含的「仁者愛人」、「仁智禮義信」、「我爲人人，人人爲我」——這種高尚的道德理念進入頭腦，長大後，自然就有悲天憐人的情懷，自然就有愛國愛民的心胸，自然就有了「忘我奮鬥」、「憂國憂民」的情趣。因爲：家長和老師在他幼小時手托著手把他引到了高處，長大後，自然就看得遠了。

——道德品質成長到對素不相識的可憐人也能同情和幫助的那個時候，父母還愁老無所養嗎？老師還愁他不報師恩嗎？那時候，國家和人民還害怕他進入腐敗行列嗎？

本文談的是道德教育，小標題雖是「追尋殘害兒童智力發育的真凶，」——但追根追到這裏，自然而然，又追到了老話題——道德上來了：校長，爲了自己的經濟收入和升官，苛求教師們拿出高於其它學校的「成績」，而根本不去考慮各門學科安排得是否合理；教師，爲了職稱和獎金，苛求學生們拿出必須是肉眼能看得見的「分數」；家長，爲了「自己」在人前抬起頭、爲了「自己」的榮耀，爲了「自己」不受教師的「絮叨」……，如此等等。每個人都在「爲己」這個觀念冶煉得相當頑固了：什麼人民的利益，什麼國家和民族，什麼世界和平，統統被排在「爲己」之外！再後來呢？沒有飛黃騰達的青少年，犯罪率持續上升，給社會帶來了一連串的不安定因素；飛了黃、騰了達的，利用職權，用法與不法的各種手段，爲了充實自己的腰包，——使之乘法加乘方式地膨脹，而貪心不足、不擇手段地搜刮民脂民膏，陷入腐敗分子的行列，爲中央電視臺《法制線上》欄目裏不斷地增加著新的內容，補充著一個又一個的「立即」、「死緩」和「無期」……。——

雖是少數，但願更少。

從孩童開始進行孔孟儒家文化的熏陶、實施以爲國爲民爲目的而進行的道德教育，迫在眉睫！

定稿：丙戌年八月初十寅時

公元二〇〇六年十月一日三—五點

網址：http://www.sxrcfm.com

E-mail：fmjt_88@126.com　郵編：044600

電話：0359-3080255（兼傳真）3080038　手機：13834706886

地址：山西省芮城縣東大街金果建材市場鳳梅五金店

第十八章　盲目盲從茫茫然

從四川暴雨造成「五十四人死亡」的噩耗中還沒有反應過來，冷不防，又是一個什麼「一百九十九具屍體」的驚雷！——哪個國家？讓這個顯示出了五十七圈年輪的大腦使勁發揮了一陣，才隱隱約約地來了一點眉目：好像，昨天中央電視臺就報導過巴西一架飛機在機場上空降落時撞入了一個加油站起火，「傷亡情況不清」，今天清了。

剛剛把「一百九十九具」與「巴西」對上號，還沒有來得及多想，又是什麼「房屋倒塌」、多少人傷亡、「核泄露」，使我又一次陷入茫然知不到頭緒的「新聞」，而且，驚慌失措到顧不上尋找毛巾、用左手把含滿了淚、視線有些模糊的雙眼使勁往外揉了兩下，電視屏幕上那些房屋倒塌的殘狀才一下子清晰了：噢！日本地震。這幾天中央臺已經一日幾次地播放，不是麼？那倒塌的房子驗實了淨空法師的一段講話：「日本，不忘中國的傳統文化，繁體字，隋唐建築風格……。」

「叮鈴鈴，叮鈴鈴」，這突然撞入的電話鈴聲，給座機上送來了永濟文友侯滿玉的號碼，——後半夜看了我幾日前寄去的三十四期小報生發了感想，似乎一吐才快。我明白：他在值夜班的工作單位。如果在家裏，雖則由於寫作的特長，與《人民公安報》，與運城市作協有些往來，還是要被生計、生活、生意方面的瑣事纏了身，「終日喋喋不休、馬不停蹄」。即使扭扎著從鐘表裏擠出幾兩時間看上一篇或幾段，或許也能產生一些「快」，卻來不及「吐」，就要被吃喝駐穿方面的現實衝「慢」而變「淡」，最終還是要放棄「吐」而生「快」的興趣。——馬克思的經濟基礎決定上層建築、物質決定精神的觀念用到這裏，還真是合適。

順便把方才看了幾個新聞之後，我這個「杞人」準備寫個「憂天」文章的想法從電話線上吐給了他，又從線上得到他送來的幾絲鼓勵帶來的快意、目光重新回到了屏幕上之後，又是美國一個煙霧衝天的火災，播音員還提到了「九一一」，又說什麼「初步判斷」：「排除了恐怖襲擊的可能……」。唉！多事之日！

了不起啊！真是了不起！沒有文明史，自然不可能有「祖先的傳統文化」建國只有二百多年，發展竟是如此之快！而有文明史的中國人，每每有了一些發展變化之後，「己所不欲，勿施於人」，「己欲立而立人，己欲達而達人」，——那些祖先傳統文化中的警句，總要不由得在耳邊回響，自然就要不由得給別人提供一些幫助，——最起碼，不會利用富強起來的經濟力量去趕制武器、去欺侮弱者，以每年消費幾萬美元的生活水平去眼紅、去掠奪年收入只有幾百元的可憐人。

這幾天恭讀國家文化部部長孫家正的《文化如水》一書中，孫部長駁斥「中國威脅論」一章中那些痛快的文字，在我腦子裏產生了無窮地回味。有道是：以己度人；有道是：有娘生，沒娘管。——沒有文明史、沒有祖先傳統文化，從小就用「爲己」理念進行了培訓，長大後又在競爭——鬥爭——戰爭的環境中陶冶的西方人，怎麼也想不通：中國在十四世紀的明朝，鄭和那個兩萬七千八百人的遠洋船隊，在當時的世界上，完全可以稱霸，爲什麼不去侵略？爲什麼不去掠奪？爲什麼還要承受銷售絲綢陶器的勞累？像四百年後那個芝麻大的歐洲國家那樣，有了制勝的炮艦，不長時間不就成爲「日不落帝國」了嗎？

記得去年的一天，我國某個富而又富的城市遭了災，號召全國人民捐款。我當時對身邊幾個朋友說：當你們每日成百或幾百地無度消費時，有幾個人想到了陝甘那些每日花不起三毛兩毛的百姓？有幾個人肯支援呂梁、雁北那一群一群交不起學費的兒童？那深一腳淺一腳的泥濘路，那山區無數百姓以及諸多學校的危房，那老無所養、七八十歲的白髮……，——你們在繁華都市盡情歡樂時，是否想到了他們？是否表示過關懷？——哪怕只是想到或說到。反正，我掙的錢我花，是天經地義的，講「合情」的祖先文化早就拋棄了！只學西方的「合法」就怪美。好像就沒有想過：天有不測風雲，人有旦夕禍福，有錢後囂張得不可一世的你，原來也有需要得到別人幫助的這一天！

這幾天，打開中央電視臺，全日不甚間斷地播放著淮河的防汛、南方的暴雨、四川重慶的水災、泥石流滑坡等等，這使我想起了四十多年前在校讀書時，老師講到植樹造林對治理風沙、對水土保持的好處，而今天，對大自然破壞之後的壞處，才終於來了！

我們這個國家和民族的人口從四點五億上升如今這十三億的六七十年來大城市裏正常與非正常加在一起，共死去了多少人？如果不忘祖先文化，完全土葬了，子女在前後左右栽上七八棵鬆柏，要長多少樹呢？每個人一百多斤本來就源自於大自然的那個身體，又歸還給大自然，——長幾棵樹，有什麼不好呢？爲什麼要照搬西方人的火葬呢？——占用耕地了麼？那麼，退耕還林又怎麼講呢？經常喊「防止污染、保護環境」，那麼，一百多斤骨肉被冒了煙，又怎麼講呢？

我還想到：河南人利用了B超，全省男人就比女人多了一千萬！十年、二十年之後，這一千萬青壯年光棍，將會對社會安定產生什麼作用呢？而我們中華民族在沒有B超以前，你在你家生男，他在他家育女，——根本沒有商量，更沒有一個部門去計劃，男女比例卻是基本平衡的！——是誰在這九百六十萬平方公里的天地之間作了用呢？你還要盲目地、閉上眼睛大罵迷信嗎？你還要不知天高地厚地高喊「人定勝天」的空口號嗎？

大自然既然能在男女平衡方面作如此細密的安排，甚至，我們每個人的一舉一動也在他的關照之中，——也就是因果報應、善惡必報的道理。那麼，被他關照中的一部分人，——比如黑非洲人——因地區性落後而皮包骨，而餓死，同在一個天地間的另一些人卻無度地消費，幾乎全裸地躺在印度洋岸邊，狂歡在菲律賓、印尼的名勝風景區，每日幾百幾百的花費，難道他就不關注了？！

就熟視無睹了！？爲什麼在有了一些財運後解釋爲上帝和天地的恩賜，卻一定要把印度洋海嘯死去的二十多萬人、美國大陸一次又一次的颶風解釋爲氣候或地殼的變化呢？——得了好運後大講「好人好報」的「必然」，卻同時又把倒邪霉認作是自然變化的「偶然」，——這是什麼邏輯呢？！

世界上某些民族沒有文明史，僅僅只是由於沒有儒釋道文化，因而也就沒有二千多年的大一統、有《史記》的歷史，也就是說，失去了對祖先的記憶，絕不等於沒有祖先、從地縫冒出來的一個民族和國家。因此，他們在戰爭和恐怖接連不斷、幾乎無法收拾的目前，那七十五位諾貝爾獎獲得者，不是在巴黎集會「宣言」，不也在「回頭兩千五百年，去汲取孔子的智慧」嗎？（——摘自《美德書序言》，中國華僑出版社）。

我們中國人在新一屆中央領導人——胡錦濤、溫家寶直接地、無微不至地關懷下，剛剛擺脫了貧困，買上了蹦蹦車、摩托、手扶或汽車，辦起了謀生又爲國納稅的商店。卻被一群吃財政飯的大蓋帽圍追堵截，只敢把三兩分的精力用在進貨渠道、經商才幹、安全行駛上，那七八分的心神，竟然完全處在對大蓋帽極度害怕的恐慌中！——這帽子和制服，用的是他們的血汗！這著裝戴帽的人，吃的是他們用血汗換來的糧油和瓜果！所領的工資，是他們辛勤勞動的稅金！——這一切的一切，大自然，大地乾坤，難道就視而不見了？——不會的，報應，是早晚的事。

與東郭先生幾乎相近的善良百姓，就因爲看了您在歌唱、電影、相聲、小品中的本領才喜歡了您，並不是由於除此之外的其他才能。——而您，卻以不懂醫藥、不懂家電、不懂汽車的外行底子，利用百姓給您的這一點榮譽，誘導收入微薄的老百姓上鈎，購買一些質量與價格不相稱的貨，把「日當午」「鋤禾」的血汗弄進廠家和自己的腰包，——如果質價相稱，給您的那幾百萬從哪裏開支？——許許多多低收入者吃黃蓮而讓少數高收入者去甜蜜，是不是甜得太過了？太過了，能不作酸麼？能不傷脾胃麼？能不傷天道、不遭天遣麼？——報應，是早晚的事。

天津一個服裝廠，主動找上門來，要給民族英雄鄧世昌的出色扮演者李默然付一百萬，只需穿該廠一身衣服，照個像就行了，但卻被本老斷然拒絕。他傻麼？——我們從電視上看到了他子孫滿堂的全家福，更有他那健康的、如同壽星一般的福像。——這福，從哪裏來的呢？不是如山似海般的錢，而是他自己用高德積累而得來的一個果。李老淡薄了錢財，卻弄懂了這個：榮譽是人民、是百姓給的，因此：用百姓吃虧上當、自己發不義之財的卑鄙行徑去回報人民，與惡狼反咬救它性命的東郭先生，幾乎沒有什麼兩樣。

還有，眼看著這個來自於他身上的一百多斤骨肉被冒了煙，冒煙之後又使他身上的另一些部位承受了痛苦——遭受污染，他的心理，能平衡了麼？——我們這些渺小的個人在不順心時也會耍脾氣，摔盆拌碗，而可以主宰萬物、力量無窮的他，面對極度的不平衡，能不發作麼？怎麼發作呢？力量是大呢？還是小？

人家沒有文明史，不受傳統文化的影響，自然無所顧忌，在爲己、爲名利而拼命的西方文化驅使下，快速發展了之後，不用考慮貧困地區的窮苦百姓，也就是說，沒有考慮「情理」的文化和習性：把「個人享福，當作動力去奮鬥而得到的錢財再多，也捨不得支援別人。——這別人，自然包括父母、弟兄和姐妹。因此，在百分之百「合法」的情況下，去狂歡，去鬥牛，去進行不顧死傷、不顧自己死後父母兒女沒有生活著落的後果去冒險，並且還準備了相當厚的一疊鈔尉：每年四千四百八十億美元、折合人民幣三萬多億去應付戰爭和恐怖。至於死傷，是更不在意的。因爲：打仗送死，與有錢沒處花去冒險的死，用的是同一個死字！我在本報二十期『反恐要治本』一文中曾提出這樣一個觀點：美英法、德義日等經濟強國如果從五十年前開始，把每年用於軍事和戰爭開支的萬億美元投資於落後國家的教育事業，使精神文明之花開放在這個星球上一寸不漏的每一個角落，如今的局面，絕不可能是目前這個樣子。身上綁些炸彈去和別人同歸於盡、血肉橫飛的行動，是什麼誘人的美餐？有幾個人願意幹？而從教育入手、幫助窮國和窮地區步入精神文明社會所需要的財力，這些經濟強國是足夠的。但這種作法，卻與「爲己」、「生意場上無父子」的西方文化矛盾著，也就是說，孔孟儒家文化中這種「吃虧」、「忍讓」、「仁愛」等思想，他們是斷不會接受的：沒有人搞「九一一」，沒人搞恐怖，武器豈不白造了嗎？長期在庫房裏存放，豈不生銹了嗎？不使用，不騰出庫房，日新月異、不斷更新的武器又放到哪裏？不打仗，大把大把的錢，又往何處花呢？

而我們的當家人，新一屆國家領導人，是炎黃的子孫，是中華傳統文化的繼承人，沐浴著孔子的餘輝：「己所不欲、勿施於人」、「己欲立而立人、己欲達而達人」。也就是說，自己不願意接受的，就會「換位思考」，在腦子裏打個顛倒：不強加給別人；自己吃喝住穿及車輛住房達到了什麼水平上，總在想方設法讓弟兄姐妹、讓周圍鄰居也達到，心裏才能舒服。因此，雖則錢財遠沒有他們那麼粗，得不到表皮上的風光，可不需要每年準備四千四百八十億美元去到那個大型的娛樂場所——伊拉克、阿富汗等地——去「尋歡」和「作樂」。

正如我在自己的一篇拙作《我的八十五歲老母眼中的財物》一文結尾處所寫的那樣：「我的朋友，如果你對自己的祖先的文化已經沒有了興趣，完全迷戀上了西方文化，我只想問您一句：您願意讓自己的後代將來去作美國兵呢？還是薩達姆？——不安的生者與淒慘的死者之間，雖然有一個勝者，卻很難說哪一個處境更好些。」（見《鳳梅人》三十一集第二版）

弦外有音：本文開頭第一段提到了日本最近的地震，又提到了在新加坡定居五十多年的淨空法師說過的幾句話：我到了日本，就像回到了家裏一樣，仍然用繁體漢字，住著隋唐建築風格的房子。

我注意看了日本這次地震的殘狀：房子確實塌了不少，但只死了十來個人，可能原因就在這裏：隋唐建築風格的房子，有人字梁，有柱子，即使震塌，死傷也不會很很大。人家日本戰後就是因為學了西方科學技術、科學管理後才迅猛發展的，但卻不是盲目地照搬，沒有拋棄中國的傳統文化。這些文化的受益者是日本——正如我們從這次地震中所看到的那樣，——而發源地，卻並不是日本！

——不識貨者可以把一件周朝的青銅器當廢銅稱重量賣掉，是不奇怪的；地痞流氓出身的人，一旦步入權力階層，把祖先文化、把孔子智慧視為糟粕，是正常的；要求沒有文化的人去理解文化、去傳播祖先的傳統文化，是天方夜譚。——他們，比之聞到血腥味就產生食欲的禽獸，強的地方只有一點：還認識人民幣和美元，還知道這種東西也能換肉吃。只不過，一個又一個的交通廳正副廳長得到的那個無期、死緩或立即，還是吃了文化貧乏那個虧：真正有文化的人自然就知道，只能當椽子使用的自己，被放在了大梁的位置上，粉身碎骨是遲早的事。要想盡年邁而終地生活下去，還是應該回到椽子應得的位置上；真正有文化的人更明白：得無義之財的多與少，和不良後果的大與小，是成正比例的。

照搬西方的洋樓，一塌，成了一堆垃圾。——裏邊如果有人，活命的可能性有多大呢？

——這是題外的音，以後抽出時間來，還要在另一個文中細述傳統文化建築優越於西洋建築的地方。

丁亥年六月初六卯時辰時巳時
於鳳梅五金店微型辦公室

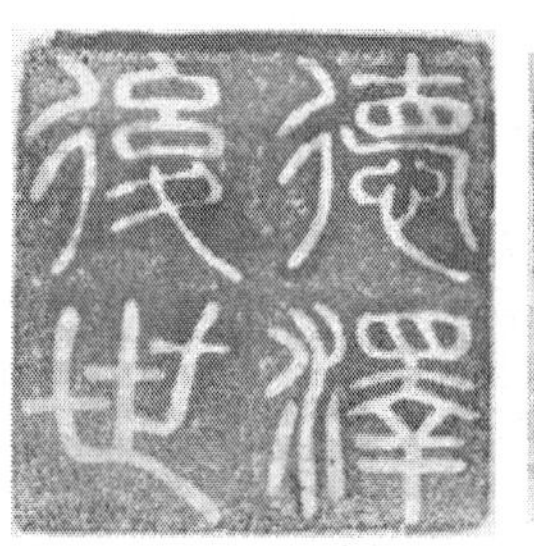

有關《鳳梅人》報各種公告

△敬告海內外中華同胞（按總四十八期）：

1.如果對本報有興趣，請來信或來電（0359-3080255）告知地址，每月免費郵寄十五張，從此後月月不空。——需要量大者請自報數量；

2.如果看後有感、寫出了與本報旨意合拍的稿件，寄來盡可能刊用。但有必要事先言明：無稿費，不退稿，但也不收費；

3.任何單位和個人從『鳳梅人』網上或報上取用署名劉焦智及子午戌、申醜亥、萌春、旺夏、秋果、冬勤七位作者的文章或詩詞，——即使換上他自己的名字在任何刊物上刊載，不予追穿；

4.由於本報不斷收到海內外讀者熱情洋溢的、認爲「精神食糧」太少、要求改月刊爲半月刊或周刊的意見，又由於本報依托於一個僅僅只有一兩個員工的五金店維持，因此，心有餘而力不及。——竭誠希望關心這個事業的一切海內外朋友予以資助，多少不限，並將大名在本報公布一年；

5.在職的黨政官員和在校學生的資助，一律不予接受，——原因大家知道；

6.本報絕不承攬任何廣告業務；

7.讀者如果來到本報所在地（秦晉豫三省交界處），——道教始祖呂洞賓和武聖關公故鄉，總編劉焦智樂於在微型辦公室接待，促膝長談，相互提高。

特告

《鳳梅人》發行站　薛小琴（負責海外版）

禮謝助刊讀者

二弟劉智強二萬元　西安孫仲才二千元

杭州常朝輝四百元　西安趙新蘭二百元

西安趙新蘭一千元　芮城朱陽村長劉號強二百元

西陌軋花廠劉滿囤二百元　芮城老幹部張世平一百元

臺灣周光前　臺幣五千元　芮城永樂楊天太一百元

董原　董世斌一百元

戶名：薛小琴

農業銀行卡號：95599-8304-04325-13011

工商銀行卡號：9558-8205-1100-0115024

郵政卡號：6221-88181-10073-76056

網址：http://www.sxrcfm.com

E-mail：fmjt_88@126.com

郵編：044600

電話：0359-3080255（兼傳真）3080038

手機：13834706886

地址：山西省芮城縣東大街金果建材市場鳳梅五金店

△**告示**（按四十八期）

讀者如果對本報各期中提到的下列雜誌和書籍有興趣者，請給我來信或來電，我願意免費爲你們服務：寄書到手：

1. 臺灣秦貴修：（筆名秦岳）著有詩集《夏日，幻想節的佳期》、《飛翔的天空》、《井的傳說》、《江南詩旅》、《臉譜》、《山河寄情》；散文集《影子的重量》、《雲天萬里情》；論著《散文欣賞》；書評《書香處處開》。

2. 臺灣文曉村：著有詩集《第八根琴弦》、《一盞小燈》、《水碧山青》、《九卷一百首》、《文曉村詩選》；評論集《新詩評析一百首》、《橫看成嶺側成峰》；編有《葡萄園詩選》、《葡萄園詩論》、《中國詩歌選》；自傳《從河洛到臺灣》。

3. 臺灣金筑：著有詩集《金筑詩抄》、《上行之歌》、《金筑短詩選》。

4. 北京韓鐘昆：出版過雜文評論集《論海行》、通訊集《黃土情》、散文集《從開國禮炮聲中走來》、詩集《長河濤聲》、《難忘火紅年代》，人物傳記《裴麗生》、《道邊的吶喊》。

5. 太原駱士正：著有《永樂宮的傳說》（中國旅遊出版社出版）、《王秀蘭的故事》、《河東放歌》。

6. 上海朱懷興：著有《語言的魅力》（在臺灣出版）、《中國語言的魅力》、《邁向永恆的綠色》、《棄棉望鵠》。

7. 臺灣晶晶：著有詩集《星語》、《曾經擁有》。

8. 臺灣李政乃：著有詩集《千羽是詩》、《李政乃短詩選》。

9. 臺灣陳錦標，著有詩集《玫瑰底神話》、《千眼蒼茫》。

10. 臺灣賴益成，編著有《臨溪詩草》、《罰》、《詩情詩畫》、《葡萄園目錄》、《園丁之歌》、《心靈的獻爵》。

11. 黨忠義：芮城有名作家。著有《中華名孝卷》、《華夏列祖演義》。

12. 《海鷗詩刊》社長：秦岳。

13. 《葡萄園詩刊》社長：金筑。

14. 《葡萄園詩刊》主編：廖振卿（筆名台客）。

15. 《華夏春秋》主編：陳福成。

山西省芮城縣北關金果市場鳳梅五金店：劉焦智微型辦公室座機兼傳真：0359-3080255（可接國際長途）

△**敬告熱情讀者**（按總四十七期）

由於本公司繁忙，經濟開支過大，很難抽出專人給讀者送報到手，因此，把各地發行戶的地址予以公布，有興趣者與他們聯系取讀：

一、海外聯繫人

（一）臺灣臺中：秦貴修、施快年　電話：00886-4-23932124

（二）臺灣臺北：台客　電話：00886-2-26799055

（三）臺灣臺北：陳福成　電話：00886-937059905

（四）臺灣臺北：汪桃源

（五）臺灣臺北：范楊松

（六）臺灣高雄：石臨生

（七）臺灣高雄：周光前

（八）法國巴黎：王寧　郵箱：「wang ning」>wnf511@gmail.com

（九）新加坡：伍木　BIK 96#25-1507
Bedok North Ave4 Singapore 460096

（十）新加坡：凌江月　86, Pemimpin Place Singapoue 576083

（十一）馬來西亞：鐘欽貴（《清流》雜誌主編）　CHONG KIM KWEE
PERSIARAN KELEBANG SELATAN 8. TAMAN BERTUAH 31200 CHEMOR.
PERAK MALAYSIA

（十二）美國：孫大公 DAVID TAKUNG SUN 14932 Mayten Ave Irvine, CA 92606 USA

二、國內聯繫人

（一）威海：王天國　電話：13013586869
（二）西安：孫仲才　電話：029-83717629
（三）西安：趙新蘭　電話：029-83390690
（四）西安：劉健　電話：13228079036
（五）西安：劉嵐　電話：13572805936
（六）北京：韓鐘昆　電話：010-66160543
（七）北京：王作義　電話：010-62238734
（八）長春：陳文曉　電話：0431-85889113
（九）河南：雷連生
（十）天津：袁治起　電話：022-81144588
（十一）杭州：常朝輝　電話：13067828889

（十二）濟南：李宏志　電話：0531-82971997

（十三）上海：呂麗委

（十四）上海：朱懷興　電話：021-69989098

（十五）鄭州：裴潤芳　電話：0371-68368652

三、山西省聯繫人

（一）河津：楊澤民

（二）臨猗：劉正定　電話：0359-4098163

（三）永濟：侯滿玉　電話：0359-6334862

（四）太原：駱士正　電話：0351-4282466

（五）新絳：王穩才、王梅生　電話：0359-7787297

（六）永濟：孫軍強　電話：13603594930

（七）運城：李知言　電話：0359-5030010

（八）運城：管喻　電話：0359-2660858

（九）夏縣：釀玉旺　電話：13935956318

（十）萬榮：張克勤　電話：13903598039

四、芮城縣聯繫人

（一）縣城：薛小琴　電話：0359-3080038
（二）西陌鄉：劉滿囤　電話：3170106
（三）朱陽村：張全民　電話：13303485985
（四）陌南鎮：張全旭　電話：3231334
（五）東呂村：喬木柴　電話：3205137
（六）永樂鄉：楊天泰　電話：3470094
（七）東張村：董允榮　電話：3117015
（八）風陵渡：楊百剛　電話：13753941113
（九）學張鄉：張寬蘊　電話：3180296
（十）學張鄉：趙志杰　電話：3185027
（十一）古仁：張維　電話：3136030
（十二）劉堡：閻振福　電話：13466951719

讀者在聯繫中遇到困難，可直接給本報總編劉焦智打電話：0359-3080255，一秒內給予滿意的答覆。

山西省芮城縣北關金果市場鳳梅五金店
劉焦智於微型辦公室

△各村各店免費取報（按總三十一期）

持本表，每月可到我公司取十五—二五張報紙

各村各店老板：

你好！

1.把我公司的小報給您店放一部分，讓冬閑了的村民在貴店讀閱，多準備幾個板凳就行了；

2.即使某人從來不買你店的貨，但只要經常坐在貴店看報，也有哄攤子作用，——坐幾個人，比冷冷靜靜，沒人來強得多；

3.鄉鄰們經常坐在您店看報，對於您與鄰居的關係，也有好處，——即使原來

有小矛盾，來的次數多了，您們的關係自然而然就化解了；

4.萬一某人愛上某一張報，想帶走，您就給他，不要因小事惹人。如果報紙不夠，您來縣城進貨時順便到我店來一下，我另給你幾張就行了；

5.鄉民們看得多了，道理懂得多了，對兒女慈了，對父母孝了，對鄰居善了，對您銷貨收帳、鄰裏相處，大有好處，——環境友好和善，每個人心情都好；

6.看報讀書，比扯閒話，東家長、西家短而引起嚷吵、打罵強一些，比打麻將、耗錢財、夫妻不和自然更強；

7.請您保存好這個有表格的單子，農歷每月初五——十五持本單來我店取報（基本上每月一期，每次可取25張）。見此表給報，誰拿來都行。（農歷二〇〇七年全年有效）。臘月十五持本單到我店換二〇〇八年的《領報單》，自然有紀念品伴隨。

附：各村有閒散勞力願到我弟西建公司就業者，也可到金果市場找我（3080255）免費介紹；令花範鴻斌老先生印製的《二十四孝》一書，由本公司女員工張揚代銷（3080038），每本三元。

正月	二月
三月	四月
五月	六月
七月	八月
九月	十月
十一月	十二月

各店每月取報紙者，到縣城北關金果市場鳳梅公司

找業務經理　薛小勤（女）電話：13934383429

附 件

本附件的兩篇文章，現在雖已「一魚四吃」，最早發表在我自辦的《華夏春秋》雜誌，後收錄在個人著作中，再刊《鳳》報，因爲是我在《鳳》報刊出最有批判力的兩篇文章。故收於本書附件，與有共識的人共勉。

△「春秋典型與亂臣賊子」，刊載《鳳梅人》報第四十二期（二〇〇八年四月四日），中國諸神背景爲事後補加入。

△「中國統一的時機快到了」，刊載《鳳梅人》報，第四十三期（二〇〇八年五月二十一日）

第十九章　春秋典型與亂臣賊子

臺灣獨派執政這幾年，以陳水扁爲核心集團的第一家庭、第一親家和政客們，能吃得吃，能拿的拿，或用五鬼搬運，把臺灣內部資源掠奪一空，因爲他們知道來日不多了，中國自古以來地方割據政權都是暫時的，隨時要被統一，現在大權在握吃香喝辣，到時一夜間淪爲罪犯，故此刻不大大地撈一把好走人，尚待何時？

來日雖不多，但不見棺材不流淚，能拗盡量拗。近年來這些亂臣賊子天天叫囂臺獨、制憲、去中國化、去蔣中正化，否認自己是炎黃子孫，不承認自己是中國人，游錫堃大喊：「中國豬滾回去」。我心在想，他家的祖宗「公媽」不就是「中國豬」嗎？

臺灣人是不是中國人？已被那些臺獨亂臣賊子的洗腦，許多人「忘了我是誰！」我從另一個角度呈現真相。所有臺灣人信仰的神，全是中國人，如假包換的炎黃子孫，他們「生爲中國人，死爲中國神」。這些神都是中華子民千秋萬世的典型，經我整理一部分列表如後。

如表所示，保生大帝俗名吳本，宋太平興國人，神醫濟世；三山國王是隋文帝手下三大將；西秦王爺就是唐太宗；媽祖俗名林默娘，宋福建莆田人，清乾隆封天后；光淨菩薩就是孔子門生顏回。臺灣民間信仰還有很多神，然不出「中國人、中國神」背景。許多神每年要回大陸的祖廟（娘家）尋根，以示不忘本。民國七十八年，宜蘭南天宮媽祖回福建湄洲娘家，創兩岸直航首例，九十四年九月間媽祖又回湄洲，臺獨政府說違法要「法辦」，不知道這些亂臣賊子如何法辦春秋典型的媽祖娘娘，她可是人民心中的「天上聖母」，辦得動嗎？

問這些亂臣賊子是不是中國人？是不是炎黃子孫？也真是睜眼說瞎話，很無聊的問題，就像一個男子，明明男性所有器官都有，卻硬說自己不是男人，鐵定是哪裏出了問題。現在這些臺獨分子明明自己流著炎黃血緣，祖宗牌位也明明記著源於中國哪裏，死硬說自己不是中國人，還罵人是「中國豬」（如游錫堃之流），這其中必有「隱情或企圖」。

隱情或企圖何在？曰：「搞臺獨」，但搞臺獨大家都知道是搞假的，包含陳水扁、李登輝等人都說過這是搞假的，騙老百姓的。老百姓好騙嗎？人民的眼睛不是雪亮的嗎？

確實，人民早已心知肚明，只剩下那些腦袋不醒的基本派還信以爲真，期待著教主帶領他們走上臺獨路，再等十輩子吧！等到黃泉路口時，臺獨路還不見影子吧！可憐啊！那些人，不當中國人也罷！（注：不當中國人也可憐，因爲要當一輩子世界遊民，不看那金美齡，不是中國人，不是臺灣人，不是日本人，她是哪一國人？「臺灣國」又沒機會，等啊！等到老死也沒機會。）

那些亂臣賊子爲謀私利不承認自己是中國人也就罷了！偏偏還騙死一堆人也背叛了自己祖宗。事實上那些騙徒不知那根筋不對，早已神不知鬼不覺地去了中國，到底是尋根、朝拜、示好或贖罪呢？也可能去賣臺，如果是，至今（二〇〇七年）去大陸賣臺的至少一千五百萬人以上，只有他們幾個「天王」去大陸不會賣臺！幾乎全部臺灣人都去大陸賣臺了嗎？

證據顯示，所有去大陸的臺灣人中，以陳水扁最像賣臺。陳水扁於一九九一年到大陸，隨行有陳淞山、柯承亨、蘇聰賢和三名記者。此行，阿扁曾在北京軍事博物館前留影，照片上有「中國人民革命軍事博物館」字樣，有「挾中國自重」的味道。另一張照片在中共坦克前留影，更有爲中共武力統一中國「背書」的態勢，若中共以武力解放臺灣，陳水扁豈不爲王師坦克徵討之「前導」？

呂秀蓮於一九九〇年八月，到福建南靖祖厝龍潭樓尋極謁祖。二〇〇三年十月八日由呂秀蓮的胞兄呂傳勝律師，率領臺灣呂氏宗親代表一行人再回龍潭樓參加九日的祭祖典禮，呂傳勝先後有五次率團回福建漳州原鄉。游錫堃的原鄉在福建漳州市詔安縣秀篆鎮，二〇〇二年他先派胞弟游錫賢回大陸祭祖。二〇〇三年游錫堃呈獻祖祠的對聯，刻在石柱上，並署上「第二十世裔孫錫堃敬撰」。如此，不知他後來「中國豬」怎說得出口？實在是人性良心全都滅了，敗家子才講得出口的話。唯政治利益是圖，其他全無的「政治動物」吧！

其他的謝長廷、姚嘉文和最無恥的臺大教授李鴻禧等人，更是早已到祖國朝拜，接受祖國的人馬招待吃香喝辣，參訪祖國的名勝文物。然後回臺再罵別人去大陸賣臺，大賣「虛擬實境的臺灣國」，許多人還信以爲真呢！真是一群無恥到極點的政客。

臺灣人民所有信仰的神都是春秋典型，個個是「生爲中國人，死爲中國神」，爲中華文化的思想核心，也是所有炎黃子孫的信仰中心。筆者寫本文時，正是二〇〇七年的「中華民族掃墓節」，那些臺獨分子去掃墓了嗎？抬頭看看墓碑和祖先牌位吧！小心！這可是「中華民族」的掃墓節耶！

正當「清明時節雨紛紛」時，呂秀蓮參加臺北的一場佛誕慶典（四月八日），在場的還有吳伯雄等人。呂秀蓮致詞時說：「不造口孽、不做壞事、說良心話、做良心事、賺良心錢。」你若搞臺獨，或只用嘴說說臺獨，就成了「造口孽、做壞事、昧心說話、昧心做事、撈黑心錢。」這未來下場如何你很清楚，「個人作孽個人擔」，你更清楚。說到這裏，呂秀蓮竟然在釋迦牟尼佛二五五一年浴佛大殿上講了如此「真誠」的話，更應以百分百真誠的心，把二〇〇四年大選時「三一九槍擊」作弊的真相對國人交代清楚，何人設計？如何作弊？過程如何？敢在佛祖之前昧著良心乎？

本文之目的，只想對照一下春秋正義典型和亂臣賊子嘴臉。爲什麼「孔子成春秋而亂臣賊子懼」？蓋因亂臣賊子篡國竊位，貪污腐敗，只謀私利，不顧國家統一和人民死活，歷史上的分離主義政權都是，今之臺獨政權亦是。碰到了春秋筆、春秋正義當然是怕怕，皮皮挫啦！所以綠營人馬聽到「三一九是作弊，篡國竊位」，簡真是瘋了！小偷竊盜之流，簡直八輩子不要做人了！

本文也要提醒臺灣人民，大家所信仰的神都是「中國神也是臺灣神」，即爲人要有判斷力，勿隨政客起舞。信仰人口最多的佛教，是中華文化的三核心之一，中國自唐朝開始進行「三教」（儒、佛、道）合一大工程，「施工期」長達一千多年。至今，中華文化由儒佛道三家思想融合而成，不僅「完工」，而且是世上最古老、存在最久，與最偉大的文明和文化，你不覺得嗎？

摘自臺灣《春秋正義》第二四七－二五六頁

中國民間信仰諸神背景

神名（廟）	背景
保生大帝	宋太平興國時人，姓吳名本，俗名大道公，神醫濟世。
九龍三公	宋高宗時五軍都督，因功封三公，死後國葬九龍山。俗名魏振。
清水祖師	宋仁宗時高僧，俗名陳應，傳揚佛法，廣渡眾生。
鹿耳門聖母廟	在台南縣鹿耳門，媽祖信仰的「正統祖廟」。
臨水夫人	唐代宗時福州人，救人而亡，俗名陳靖姑。
長春祖師	元代山東登州人，道教，勸成吉思汗漢化政策。俗名邱處機。
九天玄女	黃帝之師，助帝戰蚩尤。

三山國王	文帝手下三大將：連清化、趙助政、喬惠威。
開漳聖王	唐代福建人，俗名陳元光，開拓漳州有功。
西秦王爺	即唐太宗李世民，一代明君，創貞觀盛世。
天上聖母	即媽祖。俗名林默娘，宋代福建莆田人，清乾隆封天后。
無生老母	一貫道的信仰主神，源於宋代理學家周敦頤的「太極圖說」。
光淨菩薩	又叫月光菩薩，即孔子得意弟子復聖顏回。
鬼谷先師	戰國縱橫家，有四大弟子：孫臏、龐涓、蘇秦、張儀。
東嶽大帝	即東嶽泰山主神，唐玄宗時封齊天王。
關聖帝君	即武聖關公，第十八代玉皇大帝（輪值），尊號「玄靈高帝」。
福德正神	土地公，是炎帝神農氏十一世孫句龍，因功封「社公」。
梓潼帝君	西晉廣東人，俗名張亞，有戰功。與關公、孚佑帝君、魁星和朱衣，合稱「五文昌」，我國民間信仰只有五文昌。
慶安宮	（六文昌）在台南善化，主祠沈光文，明末太僕寺少卿，爲反清復明奔走，後到台灣教平埔族漢文，稱「台灣孔子」。民國七十一年成爲「六文昌」。

忠義祠	在屏東六堆，清康熙六十年，六堆軍助平朱一貴亂，朝廷詔令建忠義祠。
南天宮	在宜蘭南方澳，民國七十八年起常送媽祖回福建湄洲娘家，創兩岸直航首例。最近一次在九十四年九月間，陸委會聲稱要法辦。
三官大帝（三元宮）	三元宮在新竹湖口老街，建於民國七年，主祀三官大帝（堯、舜、禹），其他地方亦有。
媽祖（大天后宮）	有些廟宇稱「天上聖母」，都指媽祖，各地都有。大天后宮在台南市，爲台灣媽祖開基祖廟，前身是明朝寧靖王府。
靈泉禪寺	在基隆月眉山，光緒二十四年（一八九八年）由福建鼓山湧泉禪寺善智、妙密、善慧三師相繼營建完成，內供奉佛祖、十八羅漢、四大天王。
唐牧馬侯祠	陳淵在金門金城鎮，唐德宗貞元年間（七八五—八〇五年），牧馬侯陳淵奉派，率蔡、許、翁、李、張、黃、王、呂、劉、洪、林、蕭等十三姓，至金門開拓。一千多年來，金門人尊陳淵爲「恩主公」，每年舉行祭典，追懷先賢德澤。

本表資料來源：本書作者自行整理

表註說明：

在宗教學的分類上，中國民間信仰屬無神論，但實際上是「泛神論」。所以，山川河海、人或各種生物都可以爲神，在民間的寺、廟、宮、堂、祠等，也就不計其數。民族祖先如黃帝、炎帝；民族英雄如文天祥、岳飛、鄭成功、孔明等；儒家孔子、孟子等；

道教如元始天尊、太上老君（老子）、玉皇大帝等；佛教如佛祖、達摩、觀世音、地藏王菩薩等，都在中國民間永受膜拜，有崇高的歷史地位。

此外，在中國民間信仰的衆多神祇和寺廟，以閩台地區爲主加以整理，舉其最常見者列表如後，按諸神背景，試論其政治意涵：

（一）從教派看。不出儒、佛、道三教之範圍，或三教之融合，如一貫道和天帝教等信仰，均與中國文化內涵相通合，其宗旨也有充份的政治意涵。

（二）諸神在世事蹟可用「成仁取義」、「救世救人」或「忠孝節義」概括，在中國思想中，是人類情操的最高境界，和政治思想內涵相同。

（三）諸神都有中國背景，他們生爲中國人，死爲中國神，永世受中國子民膜拜。許多神雖落腳台灣數百年，但仍定期回大陸的娘家祖廟（如媽祖）尋根，顯示出不忘本的精神。

（四）中國政治思想到漢代雖曾有儒家獨尊，但之後的將近兩千年間都是儒佛道三家融合，特別是宋元明清三家合成的理學成爲主流思想。中國民間信仰的內涵已包納三教，而以儒爲主流。例如，目前在海內外很流行的一貫道信仰，乃根據孔子「吾道一以貫之」的中國道統思想而來，定期在各地舉辦讀經會考，科目有〈禮運大同篇〉、《心經》、《老子》、《大學》、《中庸》、《論語》、《孟子》、《六祖壇經》等。九十四年八月二十一日，在中正紀念堂舉辦，五千多人參加盛會。

（五）概結中國民間信仰，正是在落實中國政治思想的核心思維（儒佛道三家共通的忠孝節義仁誠）。但此絕非刻意的政治操作，而是經由千百年的流傳，中國政治思想已在他的子民心中生根，成爲「人民的一種生活方式」。

在無限的未來，保生大帝、無生老母、九天玄女、媽祖或關聖帝君等諸神，必仍在中國的大地上展其神威，保佑所有的中華子民。（本書作者註：本表與說明未隨文刊於《鳳梅人》報，爲寫本書時補加入。）

第二十章　中國統一的時機快到了

本社甫一創刊，就提出「中國統一的時機快到了」之觀點，若無足以服眾的理論基礎，豈不淪爲空話，就像一個人躲在金字塔中幻想。

對中外歷史發展有研究的人，都知道國家整合、統一及強權興衰，最關鍵起決定性的因素就是「力」（power）。這個力指的是國家有形力和無形力的總和，其內涵包括國家的國防、軍事、政治、經濟、文化、民心及精神力等，尚可細分成幾十項目，一般通稱「總體國力」。臺灣地緣正位於中國和美日之間，必然受到這些強權的影響。（注：中國在歷史上大多能維持「亞洲盟主」的地位，日本在二戰期前曾是強權，美國仍是今天世界超強）而目前決定臺灣前途，只有兩股決定性力量：美國和中國。

一、強權爭霸與臺灣的命運

爲什麼說決定臺灣前途的，只有兩股決定性力量：美國和中國。言下之意，不包括臺灣，許多「不承認自己是中國人的臺灣人」一定氣炸了，「咱臺灣已經出頭天，當然力量卡大天」。我先從歷史來解釋這個問題。

從鄭成功收回臺灣後，臺灣與中國在這三百多年間，有過的離合，固然有很復雜的政治或其他因素，卻依然逃不出「兩股力量的對決」而已。其一是中國興衰，二是侵略者的力量（主要是美、日）。當滿清政局穩定，國力壯大，而相對的鄭氏東寧王國國力式微，臺灣便回歸中國（注意！即被統一，不論當時臺民是否願意！）

滿清收回臺灣亦積極經營臺灣，至一八八五年建臺灣省，此後臺灣成爲中國的一個省份。滿清中葉以後國力又衰弱甲午一戰論證當時日本國力大於中國，臺灣只好又脫離中國，成爲侵略者的殖民地（注意！不論臺民是否願意，臺灣都必須割讓日本）。

二戰後中國成爲戰勝國，重新論證中國國力大於日本國力（注：當時中國物質戰力極低弱，但精神戰力極高盛，二者之和大過日本很多）。臺灣又重回中國（注意！不論臺民是否願意，臺灣都必須回歸中國）。

從一九四九年至今，中國尚未統一臺灣（或稱臺灣回歸中國），決定性因素只是此期間，美國國力仍大於中國，故美國仍能掌控臺灣，使臺灣成爲美國的國防前線。從以上臺灣三百餘年歷史看，臺灣人從來沒有決定性力量，以決定自己的方向，或決定去留。因爲在強權之間，臺灣的力量太微不足道，小到可以「省略」。這是臺灣的宿命，幾可用下面的公式表達：

中國總體國力＞入侵者總體國力，臺灣與中國「合」。

中國總體國力＜入侵者總體國力，臺灣與中國「離」。

再以公式印證中外歷史，雖放諸四海皆準，但從中國近幾百年來與西方帝國主義的鬥爭，所牽動對臺灣、朝鮮、安南等地區造成的變局，亦不脫上述公式之原則。惟「沒有永遠的強權」，決定臺灣前途的兩股力量目前正在轉移，即美帝的衰落和中國的興起，這個轉移過程（結果）創造成中國統一的契機。

二、美國帝國主義的衰落

美國帝國主義（簡稱「美帝」），可能有不少人認爲這樣稱美國，是一種情緒性的醜化或偏見。哈佛大學的約翰甘迺由政府學院人權實務教授、「卡爾人權政策中心」（Carr

Center of Human Rights Policy）主任，Michad lgnatieff 博士，在「美國帝國勢力的挑戰」（The Challenges of American lmperial Power）一文之研究，帝國不盡然需要殖民地，亦不須要藉由政府或侵略手段建立，美國之所以成爲帝國在於其掌控世界秩序。美國掌控世界秩序的手段主要藉軍事力量，外交資源與經濟資產，目的在確保美國的國家利益。所以，擁有帝國地位的美國人，堅稱自己國家不是帝國，美國就是這樣一個不是帝國的帝國（注一）。

但是，強大的美帝已顯現出衰落的徵候，在軍事、政治、經濟及文化上，都開始感受到古羅滅亡前的恐懼和威脅，尤其「九一一恐怖攻擊事件」以來，美國本土已經陷於內戰交火的狀態。反恐真是愈反愈恐，反應在軍力上是其國防部正在擬撰的「四年一度國防檢討報告」，從「同時打兩場主要戰爭」，調整成「打一場傳統戰爭」。顯現美國戰力正在衰退，現在的戰力開始處於「疲於奔命」狀態。

軍力的衰退，源於支撐霸權最關鍵的基石——經濟力的減弱。二〇〇四年美國的全年貿易逆差創了歷史新高，達六千一百億美元，巨大的赤字持續惡化，過去五年國防支出一兆九千四百億美元，仍不能得到安全。正如《美國商業周刊》所描繪的，美國的進出口產業結構越來越像第三世界國家，而美國最大的貿易入超國（中國大陸）則越來越像一個發達的國家。「中國製造」的產品，如潮水般涌入美國，結果將使美國產業空洞化。經濟力持續衰退，深層的意涵是整個帝國根基正日益鬆動，且無可挽回。

正當美帝根基日益鬆動，全球絕大多數國家都認爲美國的反恐，只會讓世界變得更危險。而更離奇的，全世界絕大多數國家已開始已認定美國的「侵略性」，在一項全球普遍的調查中，各主要國家喜歡中國大陸的程度已遠遠領先美國。其差異比數，巴巴基斯坦是七九對二三，印尼是七三對三八，英國六五對五五，俄國六〇對五二，法國五八對四三，西班牙五七對四一，荷蘭五六對四五，德國四六對四一（注二）。美國不僅國力在衰退，全世界對美國人的厭惡感日愈高漲。英美反恐的本質，在維護其霸權利益，同時利用民主和人權爲工具，企圖使「全球基督化」，尤其要使伊斯蘭世界產生「質變」（美其名曰「民主化」），必叫伊斯蘭全面臣服與受控。爲達此目標，美帝使出武力戰、政治戰、經濟戰，乃至壓迫性的恐怖統治，全球監控與刑求逼供的手段。美帝反恐，目前處於「掙札」狀態，如同古羅馬帝國，走上衰落之路，便難以回頭。

當美帝衰落、垮臺、勢力便要退出亞洲。當她無力掌控韓、日、臺、那時兩岸……。

三、儒家中國的崛起與國家統一

相對於美帝的衰落，正是中國的崛起。中國自古便是世界大國，國家每隔「一定期間」有興衰之循環，本來是不足怪，這也是一種「自然法則」。中國經二百年之衰，兩岸經數十年之穩定（未爆發大型戰爭），及大陸二十多年的改革開放，中國的總體國力快速復蘇，原來是自然之道。只是相對的衰落者（美帝）內心恐懼，深怕利益流失，乃創造出「中國威脅論」，到處恐嚇各國，說中國強大後會侵略他國。

美帝的心態是以「掠奪者之心度君子之腹」，又不懂東西方文化的本質，西方是一種「霸權文化」，中國是以儒家思想爲主流的「王道文化」。本文以下將說明，同是邁向強國之路，中國向世界「輸出」了甚麼?中國和美帝的「輸出品」有甚什麼不同?

有關中國的崛起，其國防軍事力量現代化如何?經濟力量又如何?已是目前世界之顯學，研究「中國學」已形成世界風潮，相關論文、著作或調查報告，真是汗牛充棟。故本文亦不趕熱鬧做這方面論述，只從文化上說明中國向世界「輸出」了甚麼?

中國爲配合全球掀起的漢語熱，大陸的「漢語水平考試」（HSK-Hanyu Shuiping Kaoshi的羅馬拼音縮寫），除在大陸每年舉行兩次外，已經在全球三十三個國家，設有一百五十多個考場，考生超過五十萬人次。歐美許多大學、大企業、都普設「中文班」，可見目前中文在世界各地受歡迎的程度。臺積電張忠謀在一場國際招商會議的高峰論壇上，曾以「中文優勢論」詮釋之。

爲推廣中華文化，大陸正計劃在全球開辦一百所孔子學院。二〇〇四年十一月，中國一所海外孔子學院在韓國漢城（首爾）成立；二〇〇五年三月，在美國第一所孔子學院在馬裏蘭大學成立。更早在一九九三年的「全球倫理宣言」，已提到中國孔子「己所不欲，勿施於人」的精神，認爲要解決全球各地的國家、種族、宗教及文化上的衝突，要回首兩千五百年，向孔子取經。

以上這些事實，說明中國邁向強國之路，是向全世界輸出一種「己所不欲，勿施於人」的儒家文化。本來，強大的中國是一個以儒家文化爲內涵的民族國家，己所不欲，勿施於他國。完全不同於英美帝國主義，把美式民主，人權當成普世推展霸權文化的工具，日本因「脫亞入歐」，也受到西方帝國及資本主義毒害，實乃亞洲之不幸！

美帝的衰落，中國的崛起，形勢已定，大勢所趨，必水到渠成，正是所謂「形勢比人強」。在中國大陸已通過「反分裂法」，此舉在反制美帝的「臺灣關係法」，並對臺灣島內獨派準備一副「虎頭鍘」備用，如今臺獨執政者只好公開宣布「臺獨是不可能的事」；而在野的藍營，則在連宋訪問大陸後，達成歷史性的政黨和解，並積極安排未來雙方的兩岸交流活動。

四、代結語——中國統一的時機快到了

中國統一是二十一世紀重大的政治工程，目前「工程進度」正隨著美帝衰落、中國崛起、兩岸情勢、臺灣島內統獨消漲等形勢，感受到統一時機快成熟了。光是這麼講，許多人一定已經耐不住性子要問「到底甚麼時候會統一？」看專家怎麼說，在譚門（Ronald L. Tammen）等著「權力對移：二十一世紀的戰略」（Power Transitions..Stra-tegies for the 21 Century）一書這麼認爲，問題不是中國是否將成爲全球最強大的國家，而是要花多久的時間達到此一地位……。至少在二十紀紀結束前，甚至更長的時間，美國仍將持續維持世界領導的地位，但最終此一地位將轉讓給中國（注三）。

近年國內外諸多針對此一問題的學術研究，一般認爲在二十一世紀前美帝仍能維持領導地位，而到二〇五〇年左右，中國的總體國力才超越美帝，這並不是說中國到二〇五〇年才能完全國家統一。行家都知道，所謂「權力轉移」或世界領導地位的轉讓，是一個長期過程。在這過程中，中國由弱趨強，當強大到一定「程度」，「統一機制」便

啓動了，其實北京的「反分裂法」就是啓動了統一機制。不論美帝或臺灣，必受制於同一機制，兩岸不斷向統一之路前進，現在已經上路了。快則十幾年，慢則二十幾年，兩岸必完成統一，故本文說「中國統一的時間快到了」。

惟主客觀世界皆無常，國際情勢變化萬端，誰知道二十一世紀開始就爆出「九一一事件」。研究美帝目前情勢，與伊斯蘭世界的鬥爭必將加劇、惡化，「倫敦爆炸案只是新的開始」。中國面對此一情勢，應知古代「削魏強齊」之策，勿忘小平同志所言「不要太早把頭伸出來」，加緊各項建設，醞釀統一氣氛，則前面所提的「統一時間表」還會走得更快。

筆者除闡揚「中國統一的時機快到了」，更呼吁老伙伴、老朋友及識或不識的讀者們在中國統一的進程上，您，不要缺席，盡一份力或一份心都行。

注釋：

注一：該文中文，黃文啓譯，國防譯粹（臺北：國防部史政編譯室，九十二年十二月，第三十卷第十二期），頁七四—八四。

注二：南方朔，「每個石頭底下都躲著恐怖分子」，《中國時報》九十四年七月十一日，第四版。

注三：見國防譯粹（臺北：國防部史政編譯室，九十三年二月，第三十一卷第二期），封底資料說明。